The Intelligence of Forms

The Intelligence of Forms

An Artist Collects African Art

Evan M. Maurer

The Minneapolis Institute of Arts

Exhibition dates:

The Nelson-Atkins Museum of Art, Kansas City
October 5 to November 24, 1991

The Minneapolis Institute of Arts
December 21, 1991, to March 22, 1992

Designed by Anne Knauff
Edited by Elisabeth Sövik and Leslie Reindl
Typeset by Patrick Atherton
Catalogue photos by Gary Mortensen

Distributed by the University of Washington Press
P.O. Box 50096
Seattle, Washington 98145

Library of Congress Catalog Card Number 91-62288
ISBN (paper): 0-295-97162-2
ISBN (cloth): 0-912964-45-6

Front cover: Cat. no. 96
Back cover: Cat no. 64

Contents

Acknowledgments

The presentation of the Mestach collection has been a labor of devotion involving many friends and colleagues brought together by their appreciation of African art and their recognition of Willy Mestach's extraordinary contribution as a collector, scholar, and artist. My first debt of gratitude is to Willy Mestach for his patient teaching and his generosity in allowing us to bring his collection to the United States. He has been at the heart of the project and indeed is its essential creator. My deepest thanks also to Marthe Mestach for years of support and concern. In Brussels, dealer, collector, and scholar Marc Leo Felix has given invaluable aid in every aspect of the project, for which I am profoundly grateful.

This project was made possible by the devoted work and creative energy of many colleagues at The Minneapolis Institute of Arts who have my most sincere thanks. They include Elisabeth Sövik, editor; Anne Knauff, graphic designer; Roxy Ballard, installation designer; Gary Mortensen, photographer; Patrick Atherton, typesetter; Cathy Davis, registrar; Kathryn C. Johnson, director of education; Susan Jacobsen, supervisor of public programs; Louise Lincoln, curator; DeAnn Dankowski, research assistant; and Marcia Riopelle and Anastasia Jacobs, administrative assistants.

My sincere thanks to Dolly J. Fiterman and Vital Lenaerts, who generously lent works by Willy Mestach to this exhibition, and to Mr. and Mrs. David Lieberman for their loan and support.

I would also like to acknowledge the support of my colleagues at the Nelson-Atkins Museum of Art: Marc Wilson, director; David Binkley, curator of ethnographic art; and Ellen R. Goheen, administrator for special exhibitions. In Kansas City, the exhibition was underwritten by Kansas City Power & Light Company.

It has been a privilege to be associated with this project and to bring this great collection of African art to a wider audience.

Evan M. Maurer
Director

View from the artist's studio

Jean Willy Mestach

The Collection as Artistic Ensemble

Evan M. Maurer

Jean Willy Mestach is a Belgian artist who has, over forty years, assembled one of the finest African sculpture collections in a country closely associated with African art. To understand Mestach's personal relationship to this enormously rich artistic tradition, one must understand the larger context in which his collection was developed.

Belgium has had a close economic and social relationship with Africa since the late nineteenth century, when King Leopold II became the paramount ruler and de facto owner of vast areas in the center of the continent. This enormous and varied territory was home to a great number of ethnic groups whose complex histories included large empires, some still ruled by hereditary African kings. In the 1880s these indigenous cultures were brought under Belgian control, and the area came to be known as the Belgian Congo. Colonial rule did not end until 1960, when the Belgian Congo became the Republic of Congo and then, in 1964, Zaire. The nation of Zaire is a political entity that still includes hundreds of ethnic groups, many of which maintain traditional religions and forms of social structure.

The Belgians were thorough collectors of Central African art. Today there are many great collections of African art in European museums, but for Zairian art the acknowledged center of study is the Royal Museum for Central

Africa in Tervuren. Situated in the midst of the royal forest just outside Brussels, the museum's enormous Beaux-Arts building contains collections of natural history and ethnography dealing with Central Africa that are unparalleled anywhere in the world. The ethnography exhibition halls present a broad sampling of arts and material culture arranged by region, tribe, function, and medium. These spacious halls are a place of pilgrimage for students and collectors from all over the world, who come to see the extraordinary variety and quality of the works of art on view.

Belgium not only boasts this great museum resource but is also well known for its scholars, collectors, and dealers specializing in the arts of Africa. Antwerp, Ghent, and Louvain are important Belgian centers of African art, but they cannot compare with Brussels and its environs as a center of activity.

Brussels is the political capital of Europe, an urban center of international importance that effectively combines modern commercial development with historic areas whose roots can be found in its ancient Roman past. It is famous for its medieval squares, which are still the focus of the city's activity. The most celebrated of these is the Grand Place, defined by the tall, elaborately carved and gilt seventeenth-century façades of the city's guildhalls.

While every tourist visiting Brussels will make the obligatory promenade around the Grand Place and its adjacent quarter of Bruxellois restaurants, connoisseurs of antiques and works of art of all sorts will climb the hill from the ancient center of the city to the Place du Grand Sablon, once the main source of the city's water supply and now the art center of Brussels. The upper corner of the Sablon sits at the foot of the height on which the Belgians built their Royal Museum of Fine Arts. The vast collections of paintings and sculpture found here document the rich history of Flemish and Belgian art from the early fifteenth-century masters such as Jan van Eyck and Rogier Van der Weyden to the sixteenth-century Brussels painter Pieter Brueghel, with his powerful genre scenes.

Jean Willy Mestach

The museum is also home to a collection of immense canvases by the seventeenth-century baroque master Peter Paul Rubens.

Attached to this nineteenth-century museum building is the newly completed Museum of Modern Art, which continues the chronological survey of Belgian art from the early nineteenth century to contemporary times. These later works are less familiar to American art historians and collectors, so visiting the Museum of Modern Art is an adventure as each new exhibition or artist introduces a broader view of art. Here artists like Permeke, Wouters, and Spilliaert are on equal footing with better-known colleagues of other generations such as Ensor, Magritte, and Delvaux.

In counterpoint to the official museums that perch above it, the Sablon and its surrounding *quartier* provide a profusion of galleries where one can find art and

antiques from every corner of the globe. Tall sixteenth- to nineteenth-century buildings containing art galleries, restaurants, *chocolatiers*, and *pâtisseries* line the sides of the long space. The uppermost end is defined by the elegant yet solid fifteenth-century form of the church of Notre Dame des Victoires (also known as Notre Dame du Sablon), whose spires and stained-glass windows provide a historic backdrop to the bustle of activity below. Each weekend the area next to the church is transformed into the Brussels antique market. The Sablon seems to have a rhythm of activity all its own as artists, students, diners, shoppers, dealers, and collectors go about their business with a seriousness tinged with ironic good humor.

The Sablon also has its own subculture of residents who have spent a good part of their lives living or working in and around it. Its character is a complex mixture of elegance and the tough self-assurance of the survivor.

One can sense this clearly at Au Duc d'Arenberg, a restaurant on the upper corner of the Petit Sablon, a park surrounded by a high and elaborate iron fence whose posts are topped by small bronze figures representing the various crafts and métiers of the city. The rooms of the restaurant are enlivened with paintings by CoBrA school artists, collected by the Niels family, who are the proprietors. The enjoyment of excellent food and wine is enhanced by the works of art, which establish a sophisticated yet unpretentious atmosphere. I have always felt that something of the Belgian sense of quiet, wary confidence is symbolized by two framed letters that hang discreetly in the vestibule. One is an order of condemnation written by the head of the German occupation forces during World War II; the other is a letter of commendation for services to the resistance, from General Eisenhower's staff. These documents attest to the civilian's role in the history of a nation that has borne the brunt of international violence for hundreds of years. The Belgian tradition of courage and survival has engendered a passion for life, food, art, and music that seems tempered by an understanding of life's hardships.

For lovers of African art from all over the world, a visit to Brussels and the Sablon wouldn't be complete without paying a call on Jean Willy Mestach, artist, collector, philosopher, and officially recognized expert on African art, who has made his home in the Sablon all of his adult life. Willy Mestach and his wife, Marthe, live in a seventeenth-century building in the middle of the Sablon, flanked by a restaurant on one side and an art gallery on the other. The Mestachs' duplex is at the top, and climbing the five very steep flights of stairs leaves one a bit breathless. The climb always seems to be a test, a feat to be accomplished before one is welcomed into this extraordinary home.

Mestach is an artist-collector who intermingles his own art with his collection to create an atmosphere charged with the excitement of discovery and with enjoyment. The Mestach home is a place where art and ideas stimulate and enliven conversation. Marthe plays a vital role in

Jean Willy Mestach's studio

Marthe Mestach

the artist's life, adding her own elements of stability and wisdom. Her reserve covers a keen intellect and strong ethical convictions, and her quiet, watchful presence is effective when she intends that it should be.

The collection grows and changes slowly, so that returning visitors may occasionally find a new piece proudly displayed, or open one of the countless drawers and pick out a small treasure, neatly tucked away, waiting to be rediscovered, admired, and shared.

Portrait of the Artist's Mother (1951), by Jean Willy Mestach, oil on canvas, 79 × 72 cm, Mestach collection

Mestach grew up amid his mother's eclectic collection of antique furniture and objets d'art from Europe and China. As a child in grade school he visited the imposing African galleries of the museum in Tervuren. Mestach vividly recalls his first confrontation with African art— a large Kongo figure bristling with nails and spikes (*nkisi nkonde*) that was fully as tall as he was—and remembers how terrified he was by the affective power of this sculpture. His background and his personal inclinations led him to collecting, and when he was seventeen years old he purchased his first object of art, an ancient Egyptian *ushabti* figure that he found in the antique market for the equivalent of fifty cents.

The decision to devote his life to the creation and pursuit of art came early to Mestach, who studied for eight years at the Ecole de Dessin d'Uccle (1941), the Académie de Bruxelles (1943), and the Académie de Saint-Josse-ten Noode with Jacques Maes (1948). It should also be noted that Mestach studied the history of art for many years in the Academy, taking courses with well-known professors in various areas. He began his professional career as

a graphic designer and illustrator but turned totally to his own art in 1951. It was then that Mestach began his passionate association with African art. As a student he had recognized the authenticity, sincerity, and purity of created forms in the arts of ancient cultures from around the world. To his delight, he also found them very much at play in the varied world of African art. During the early 1950s he began to make regular visits to the museum at Tervuren to study the sculptures by the Buli Master and other carved figures in the Gallery of Masterpieces. He soon met the legendary Frans Olbrechts, who was then director of the museum and head of the Department of Ethnography. With this famous scholar and connoisseur as his guide, Mestach began to visit the reserve collections, where he studied an extraordinary range of objects that allowed him to develop his powers of observation.

As he discovered the rich traditions of African art, Mestach began to understand with an artist's eye the boldy conceived yet subtly proportioned geometric expression of the body that is a hallmark of African tribal sculpture. The African sculptor's imagination abstracted the body in ways that were totally new to European sensibilities. This insight had a liberating effect on Mestach, as it had on many other European artists. This phenomenon most frequently is associated with Picasso and the birth of cubism around 1907, when Picasso first translated lessons learned from African sculpture into his own work. The majority of northern and eastern Zairian sculptural styles are based on a strongly geometricized representation of the human body. The Zairian sculptural tradition trains the carver to think in large formal systems in which the body is constructed of an interrelated series of geometric forms. In many of the objects in Mestach's collection, the three-dimensional forms are also visually reinforced by large carved and painted facets or planes that articulate the surface, such as the Jonga figure (cat. no. 96) or the Boa mask (cat no. 99).

This expressing of inner volumes through the arrangement of two-dimensional planes became the hallmark

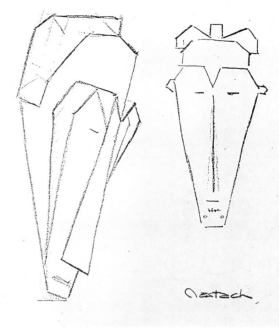

Portrait of a Discerning Patron (1954), by Jean Willy Mestach, oil on canvas, 74.5 × 109.5 cm, collection of René Withofs

Preparatory sketch for Portrait of a Discerning Patron *(1954), pencil, 30 × 20 cm, collection of René Withofs*

of Mestach's painting style, which has affinities with African art and also with the international style of synthetic cubism that first appeared in France in the early 1920s. The visual power of this aesthetic system is embodied in Mestach's *Portrait of the Artist's Mother* of 1951, painted just before his decision to work full time as an artist and to devote himself to the study and collection of African art. While the planes of the face are precisely articulated, the ensemble clearly goes beyond the mechanical to express a sympathetic sense of personality and humanity.

Mestach expressed his debt and paid homage to the art of Africa in a large canvas of 1954 entitled *Portrait of a Discerning Patron*, in which he expanded the surface patterning by creating an underlying grid system of regular forms aligned along horizontal, vertical, and diagonal axes. The proportions are derived from the "golden mean" used by artists and architects since ancient Greek times. With the glowing colors of its faceted surface, the painting recalls the stained-glass windows of Belgian Gothic churches. The picture honors René Withofs, Mestach's friend and a respected collector, who is shown surrounded by a group of his favorite African sculptures. The largest of them is an elongated Fang mask like the one in Mestach's own collection (cat.

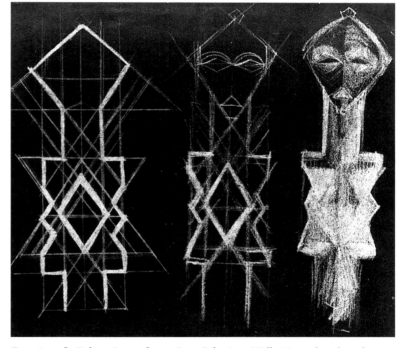

Drawing of a Bakwa-Luntu figure (1953), by Jean Willy Mestach, ink and pencil, 20 × 30 cm, Mestach collection

no. 86). Mestach's ability at linear abstraction is well demonstrated by this form and the preparatory sketch for it, which shows the clarity of the artist's thinking in two as well as three dimensions.

Mestach's drawing of a Bakwa-Luntu figure shows how he "deconstructed" the figure's volumes into an abstract system of two-dimensional lines. This process involves concentrated vision and an ability to grasp the structural harmonies of sculptural form.

Tigre de feu (1987/88), by Jean Willy Mestach, carved and painted wood, 28 × 21 cm, collection of Vital Lenaerts

In 1984 Mestach expanded his work into sculpture. Though he has created some works by direct carving, such as his self-portrait entitled *Tigre de feu* (a reference to his Chinese zodiac sign), most of these inventive and compelling works fall into the category of altered found objects. A recurrent theme is the abstract anthropomorphization of antique stringed-instrument cases, from violins to cellos. An early example, *Le temple dans l'homme*, is a case painted a brilliant blue with a thin, wedgelike nose and off-center eyes. The body is articulated by a pattern of three-dimensional diagonal lines that describe arms, hands, hips, and legs. This powerful linear abstraction is directly related to the style of the earlier paintings and drawings.

Le temple dans l'homme (1987), by Jean Willy Mestach, wood and silver, 62.5 × 24 × 20 cm, artist's studio

Papageno/Papagena (1985), by Jean Willy Mestach, painted wood, 70.5 × 23 × 17 cm / 68 × 23 × 17 cm, collection of Mr. and Mrs. David Lieberman

This continuing series includes a variety of richly painted and stained surfaces, including the marbleized forms *Papageno/Papagena*, which evoke multiple correspondences to stone and to deep night skies. The surrealistic reference to an altered object that uses anthropomorphization to symbolize the spiritual in all things is also playfully expressed in *Chant d'amour*, a dual mandolin form of an embracing couple. In these sculptures, along with the palette, violin, and singing face of *Violon d'Ingres*, or the palette of embracing birds featured in *Etreinte*, Mestach has created a charming and inventive world whose distant relatives can be found in objects such as the Mangbetu harp (cat. no. 8) and the Easter Island dance paddle (cat. no. 76) in his collection.

Violon d'Ingres (1990), by Jean Willy Mestach, painted wood and catgut, 72 × 33 cm, Mestach collection

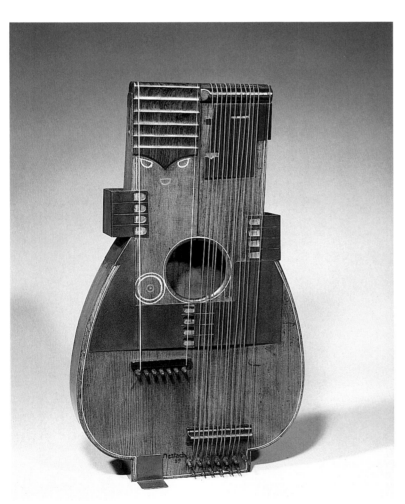

Chant d'amour (1989), by Jean Willy Mestach, painted wood and iron, 54 × 30.5 × 7 cm, Mestach collection

Etreinte (1990), by Jean Willy Mestach, painted wood, 99.5 × 63.5 cm, The Minneapolis Institute of Arts

Erasmus (1987), by Jean Willy Mestach, painted wood, 60.5 × 42.5 cm, Dolly Fiterman collection

La musique du silence (1986), by Jean Willy Mestach, painted wood, 84 × 76 × 30.5 cm, The Regis Collection, Minneapolis

Mestach has extended this surrealist adventure by transforming other found objects into various expressions of the human form. From his tribute to the great humanist Erasmus of Rotterdam (recognizable by the cap seen in his contemporary portraits) to three-dimensional articulated busts and full-length figures, Mestach has created a mysterious world that combines a sense of play with a serious and sincere expression of creative animation. The homage to Erasmus was created on the occasion of the 450th anniversary of his death. Erasmus lived for many years in the Anderlecht suburb of Brussels and is closely associated with the city. Mestach's portrait has become the emblem of the Sablon, appearing on posters, flags, and even T-shirts.

Mestach acquired his first piece of African art in 1951, a small Songye figure whose boldly cut forms were ritually empowered by the addition of human teeth and other magical substances. This chance encounter began a long association between Mestach and Songye sculpture, as a student, a scholar, and a collector. Although he has never worked in Africa, Mestach has devoted himself to the study of the ethnographic and historical literature about this large ethnic group in southeast central Zaire. As a writer, he has produced a respected study of Songye masks and sculpture as well as articles on the Buli Master and Pende masks. As a collector, he has been fortunate to find a number of outstanding examples of Songye art, which form an important part of his collection.

With his strong European surrealist predilection (coincidentally, he was born in 1926, the year of the *First Surrealist Manifesto*), Mestach adopted a personal motto from Arthur Rimbaud, the nineteenth-century symbolist poet beloved of the surrealists. *"Je est un autre"* (I am another) reflects this tradition and in part signifies his strong emotional and intuitional ties to the arts of Africa and other non-European cultures.

Mestach began his collecting activities with a deep interest in the meaning of the works of art in a cultural context, which complemented his delight in the power of their African aesthetics. He gradually built a collection that he regards as an ensemble, each object relating integrally to the others. By design, all of the objects also relate to his work and ideas in an amalgam that represents his personal philosophy.

Willy Mestach's collection is widely acknowledged as one of the very best collections of African art in Belgium, which means that it must be counted as one of the premier private African art collections in the world. One must admire this effort of love and devotion all the more because the collection was assembled with very limited financial means. Each object represents a sacrifice in the family budget. The present collection is the result of decades of work in which objects were sold or traded to obtain examples that better met Mestach's aesthetic criteria or improved on his artistic ensemble. Moving through the collection, one notices the consistency of choices. Each object is a superb example of its type and, beyond that, is usually characterized by perfectly balanced and controlled design. While some of the works have an elegance that derives from pure form, such as the Bwami society objects of the Lega (cat. nos. 37–39), others can be very aggressive and even eccentric, like the great Songye figure (cat. no. 47) or the Bwa carving of the dancer in a costume of leaves (cat. no. 110).

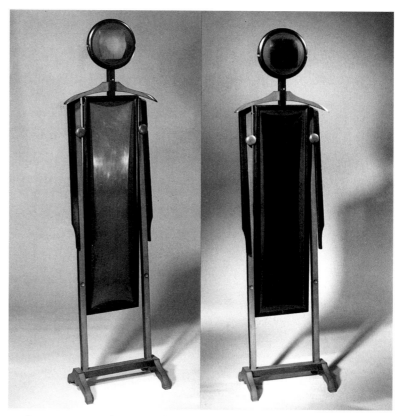

Psyché et Eros (1987), by Jean Willy Mestach, painted wood and bronze, 195.5 × 44.5 × 33 cm (two views), The Regis Collection, Minneapolis

One of the joys of visiting with Willy Mestach is the lively and probing conversations that inevitably occur. Always a generous host, inviting into his home students, scholars, artists, and collectors from all over the world, Mestach has been a teacher and colleague to generations of those who share his deep interest in the arts of Africa. One afternoon, in the living room that looks down over the Sablon, Mestach talked of his attitudes as a collector and the choices he must make as he develops the collection. In his context, the ensemble of collected and created objects can be seen as a work of art in and of itself—an assemblage of forms that are celebrated for their aesthetic uniqueness but also valued for the ethical constructs they represent in their own powerful cultural contexts. Going beyond the typical Belgian collector's focus on the refined courtly styles of African sculpture, Mestach favors a mixture of this type, such as the Hemba mask (cat. no. 88), with the strong visual expressionism of the Songye (cat. no. 31) or the essential power of works from northern Zaire, such as the masks of the Bali (cat. no. 107).

Songye figure, the first piece of African art in Mestach's collection

Portrait of the artist by Michèle Bavoillot (1985), wood paste, 12 × 8 cm, Bavoillot collection

In Mestach's experience as a collector, vision comes first—how the object looks, the balance of its shapes and forms, the interrelationship of its two-dimensional and three-dimensional characteristics. The second test is that of emotive feeling. Does the object have an emotional attraction that inexorably draws one to it? Third is the question of tactile values. Is it pleasing to the hand? And last, does the work of art fit into the ensemble of the collection? How will it affect feelings, ranging from pleasure to an unsettling yet attractive mystery? To Mestach and many collectors like him, each piece in the collection is an integral part of a mosaic. As in the ancient art of alchemy, the collection is a metaphorical "work in process"—a collective expression of one person's vision of the universality of the world and of human culture.

A visit with Mestach is always an adventure and a learning experience. At times it evokes descriptions of artists' studios in the Paris of the 1920s, laughter and conversation being sparked by the surrounding art and the energy of the city below. It was during one of these moments on a typical cold and rainy afternoon in January, when the comforts of warm coffee, art, and friends are especially

welcome, that Mestach talked about why he has pursued the merger of his passion as an artist with his passion as a collector. The expression in his round face and lively light brown eyes ranged from a mischievous smile to an intense and determined scowl. His hands kept pace with elegant gesticulations, punctuated by the ever-present thin cigarette. The discussion was, above all, marked by a clear and decisive sincerity, a quality that embraces all of what Mestach devotes himself to. Many people have collections that serve them in a wide variety of personal and social functions, but for Mestach the possession of a particularly sympathetic work of art is a compelling need, emotional as well as intellectual.

Mestach described his early attraction to African art by comparing himself with Europeans of the early twentieth century who confronted so-called primitive art as a visual curiosity. African art presented a "refreshing" new representation of familiar forms that was liberating by virtue of its newness. For Mestach the artist, and for others with a humanistic interest, the gradual attainment of knowledge about the milieu of the African artist and how and why that artist makes an object yields a deeper appreciation and understanding of the works of art. Placed in its original cultural context, the work of art acquires its full meaning, increasing our appreciation of its world and also, in a very different way, increasing our appreciation of our own world.

Since his years as a student, Mestach has had a profound interest in esoteric philosophies from his native Europe and other cultures around the world. Believing in the existence of a common thread of humanity that can be traced through cross-cultural mythical structures, he has also been fascinated with the study of hidden symbolism encoded in the visual language of world art. To Mestach, as to so many other European intellectuals of his generation, the arts of Africa and of other indigenous societies provide contemporary industrialized societies with a glimpse of, and if we are fortunate something of a link to, the essential beginnings of human culture. Like the surrealist writers and poets he so admires, Mestach feels

Jean Willy Mestach's studio

that all individuals possess within themselves the unconscious genetic memory of elements of the origins of human culture. The keys to what Carl Jung called the collective unconscious can be found within. Each of us has a piece of that collective memory—"the Universe in a drop of water." It is up to the individual to seek the forms, paths, and ideas that can lead back to the metaphorical center—humanity's spiritual source—that is the variously described goal of most religions and philosophies of being. For Mestach, the collecting of African art and the study of culture and archetypal symbols provide vital signposts on his chosen path toward understanding life and art.

Mestach's collection is wholly integrated into his own work as an artist. He paints in the same room in which he displays the collection; in this intimate juxtaposition, the objects serve as a liberating force to his creative imagination. He is surrounded by his own art as well as by the arts of African sculptors and others from around the world. To this scene he has added a variety of strikingly pure natural forms: stones, shells, eggs, fruits, feathers, informally placed here and there, each one making essential and evocative references to the others. In a typically

serious jest, he refers to the atelier just above his apartment as his "chambre d'inspiration."

Mestach believes that in all cultures the artist has the primordial role of expressing humanity's deepest thoughts, desires, and dreams. The artist is above all a reflection of the society in which he lives and expresses for us an understanding, if not an articulation, of the essential correspondences of the world, the elemental harmonies that tie all of nature together, both physically and spiritually.

Jean Willy Mestach's gift to us is a life's work devoted to art, so graciously shared, with intelligence, humor, and love.

Portrait of the artist by Dolores Melia (1989), pencil and pastel, 18 × 24 cm, Mestach collection

Cat. no. 88

From Africa and Elsewhere

Forgotten Traces of the Collective Memory

Jean Willy Mestach

PREAMBLE

Variations on a Theme

The stages of this "pilgrimage to the sources" are illustrated by the objects in coherent groupings called collections, which constitute a world where heart and mind work in harmony. My collection, both personal and ideal, is the outcome of selective research, favoring plus signs over parentheses. As for its orientation, in the domain of arts as in that of letters each piece bears the imprint of its maker.

There Is No Objective Reality

The personality and philosophical direction of an artist, author, and, sometimes, a collector are apparent in the ways a subject is treated and also in the collector's systematic path of acquisition and desire. As Georges Rouault so aptly expressed it: "If subjective is sometimes nearsighted, is not objective blind?"

But no matter what the choices of paths or the manner of our intuitive associations through space and time, going from the day before yesterday to the day after tomorrow, our questions remain the same ones Gauguin asked in Tahiti: "Where do we come from? What are we? Where are we going?"

How have human beings, be they from Africa or elsewhere, replied to these essential questions? That is the theme underlying the different subjects considered in my art, my collecting, and the comments that follow.

FOREWORD

"Once upon a time…"

Every memorable story should begin with "Once upon a time," as on nights of old when people huddled around the fire and listened to the Elder. One of the public storytellers responsible for keeping traditions alive in the ghetto of Warsaw, noting the infinite sadness of his fellow citizens, began to tell them fabulous, mythical stories, a blend of timeless tales, dreams, and enchantment. In the beginning, the community flocked to listen. But the years passed, and finally the people ignored him. Yet stubbornly, eyes shut tight, he went on talking all alone.

One day, a child came up to him and said: "Why are you talking all by yourself?" The old man, eyes still closed, had this to say: "You see, little one, in the beginning I told stories to change the world. Now I tell them to myself so that the world will not change me."

>   Enchant yourself.
>
>   Socrates

This principle needs reemphasis today, as disenchantment gains the upper hand, causing children to lose their innate sense of wonder and imagination in trivial societies terrorized by the banal.

>   But that is another story.
>
>   Kipling

TESTIMONY

The Quest

We live in unstable times, in an age of profound, irreversible change, fraught with peril. The cycles of history teach us that civilizations are mortal and that they are not destroyed by wars alone but also by allowing memory to fall into oblivion. A world without memory is a world where cultures are radically isolated from their models. By forgetting traditional teachings handed down through the ages we become cultural amnesiacs, stranded in a world that has lost its sense of the sacred, its bearings, its direction.

That is why, without necessarily being addicted to the past, we must rediscover our sources, steep ourselves in original civilizations and thought, with all the profound respect we owe to life, to humankind, and to the "murdered" gods.[1] We owe the same respect to the memory of the distant ancestor who readied humanity's legacy and laid the foundations of the well of universal creation— the "museum of mankind,"[2] which we can rediscover through the "eyes of memory," finding new meaning for the present in the forms of the past.

> Time present and time past
> Are both perhaps present in time future,
> And time future contained in time past[3]
> T. S. Eliot

> Let us seek as they seek who must find,
> and let us find as they find who must still seek.
> Saint Augustine

1. Zen monk meditating

Searching with "Intelligence of the Heart"

To reach a better understanding of the motivations behind the work of "preliterate peoples," we must rely on intuition—the "intelligence of the heart." We must rediscover elements of the initial truisms that instinct has never forgotten; we must learn again to "read" what is not written. We must not settle for the limited vision of either the scientist or the poet. As André Breton wrote, "It can never be overemphasized that the high road of understanding can be reached only through the emotional threshold: the pathways of knowledge alone can never lead there."[4]

PASSAGES AND PATTERNS OF THE COLLECTIVE MEMORY

Wide as human thought may range, over and over we see certain primordial symbolic representations and basic archetypes issuing from the collective unconscious.

> Before it becomes a work, thought is a journey.
>
> Henri Michaux

> At the origin is thought.
>
> Dogon maxim

Itinerary

> We shall not cease from exploration
> And the end of all our exploring
> Will be to arrive where we started
> And know the place for the first time.[5]
>
> T. S. Eliot

Variations on a theme constitute a pilgrimage of collective memory, centered here on Africa in its early role as a perpetual generator of forms, forces, and rhythms.

> Such is the virtue of black blood that wherever a drop of it falls, everything blooms again.[6]
>
> Michelet

Ethnologists, operating without presumptions, could extend the field of their investigations by becoming more multidisciplinary, the better to penetrate human phenomena in which the perceived vitalizes the concept. Phenomena that go beyond style become universal, escaping the strict confines of the Western eye's "anthropological structures." To progress in this pursuit of knowledge, it is not enough merely to "know." We must also have the courage to rethink what appear to be facts, and remember that to look is not to see, but to understand is already to love. This openness of mind allows us to glimpse lost worlds, and these worlds in turn open the doors to understanding and knowledge.

> He alone sees who sees other beings as another self.[7]
>
> Ajit Mookerjee

Our purpose obviously is not to deny the necessity of "scientific" analysis, most certainly not to dispute its usefulness, but rather to acknowledge its shortcomings. Ethnology, like ethnography, is not among the so-called exact sciences. It can be said that these two are "pseudo-sciences," with the mission of studying human beings in all of their activities.[8]

Passage: The Cosmic Mindset

> It is a voyage into the heart of the Void where everything is born.[9]
>
> Fosco Maraini

Meditation and contemplation, disciplines neglected by Western pragmatism, are mind-expanding techniques that can lead to profound knowledge and wide visions (in Oriental terms, revelation and clairvoyance). Thus I have chosen the Zen Way as my first example of a passage.

The term *zen* is said to come from the Sanscrit *dhyana* (meditation), and meditation is its essence: active immobility, thought in passage, in search of the absolute (fig. 1). Related to Ch'an Buddhism, influenced by Chinese Taoism and early Shintoism, Zen is in no way a doctrinaire philosophy. It proposes the perfectibility of the soul, the self-discipline of a meditative practice that leads to clear vision. Zen is at the same time "thought in the pure state" and an "art of being" understood as a sole total act of the here and now. In other terms, it is the continuous search for a state of heightened consciousness achieved through exercise of a cosmic mindset, the "third eye" guiding the voyage beyond the self.

> The inexplicable is the key to the essential.
>
> Tao precept

2. Design made with a rake in the sand of the Tofukuji garden

3. *I Remember Stonehenge*, by Jean Willy Mestach

It is difficult, if not impossible, to convey with any accuracy a mode of thinking oriented toward nonaction and nonaffirmation. Such a mental attitude seems paradoxical or even absurd to Westerners warped to the point of blindness by materialism and anthropocentrism. Human beings must understand that they are not the masters of creation, they are only a part of the whole.

The Zen garden of raked gravel appeared around the fifteenth century, a period of great aesthetic simplicity (fig. 2). The "dry landscape" served to support contemplative meditation. Their quest for the essential led Zen masters to a great economy of expression, in which nothingness expresses the whole. The spareness of a pure line, a form that must be "perfect in its imperfections," favors this privileged state, where consciousness awakens on the route to primordial thought.

Passage: The Imagination

> Whence does this come to you, soul of man,
> whence does this come?[10]
>
> Shakespeare

Dreams and imagination have atrophied with the rise of artificial intelligence systems that discourage mental activity. The imagination is a health-giving faculty and a powerful stimulant of creativity. Here dreams take their rightful place and escape begins. In the creation of a work of art, the imaginary can be both substitute and surrogate for deeply rooted memory. It is recessive memory that reveals to me the emotional content of a multivalent work of art and provides me with its title.

I Remember Stonehenge (fig. 3) is a mnemonic experiment aiming to reunite the three ancient worlds of Europe, Asia, and Africa, starting from objects excavated in Mali (toys or miniatures of the pillars of a men's house in Djenné[11]). I deliberately placed them on the same soil they were found in and made of, rearranged in the style of a Japanese raked garden—the "dry landscape."

The base is also of Japanese inspiration, made in the shape of a double rectangle, similar to those used for bonsai gardens or for *suiseki* (small stones admired for their beauty and their power of suggestion).

Finally, the element recalling our European roots is the pillars' reference to megaliths, the "stones hung in the sky" or "dance of the giants" (fig. 4). Also with respect to Western culture, this "dry landscape" was created with the golden section system of proportion used by the ancient Greeks and the artists of the Renaissance. This piece, then, is the materialization of a mental game, a proposal of universality, an attempt to reestablish, through the eyes of memory, the privileged ties still linking us to the past, to the earth, a sort of umbilical cord attached to the matrix of origins.

> Art cannot be modern. Art is primordial![12]
> Egon Schiele

Pattern: The Soil

> They parceled the soil into infinitesimal squares, making it checkered.[13]
> Marcel Griaule, describing
> Dogon fields in Mali

In many areas of African art, tilled soil is represented symbolically by a gridlike pattern of straight lines, thus differentiated from the curvilinear patterns of earth and water, mother principles of the genesis of the world. This is the "checkerboard" of a sacred geography, a divine geometry bridging the gap between the visible and the invisible (fig. 5). The ancient Chinese likewise represented the earth as a square-cut cube of jade (*tsung*) and the heavens as a disk (*pi*), each pierced with a circular void so that they could be fitted together. For the Dogon of Mali, the gridlike checkerboard symbolizes "things of this world," and the vertical and horizontal lines express "the human order."[14]

4. Stonehenge, England

5. Dogon temple facade with checkered decoration

25

6. Songye initiation mask

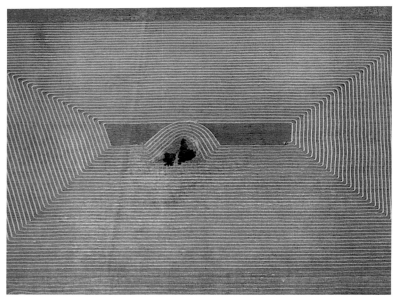

7. Cultivation patterns in the Argentinean pampa

As for the Songye *kifwebe* mask (fig. 6), in addition to the mythical underground passageways represented in its frontal carvings, the occult topography of ethnic memory is reproduced. The *kifwebe* thus presents a coded graphic system with nothing gratuitous in the geometrization of its surface. Decorated like archaic Kabinda pottery, it has a mnemonic function. Furthermore, the system of squares alternately subdivided with even and odd numbers of lines relates to the numerical symbolism that Morlighem's research terms "arithmosophy."[15]

The Agrarian Pattern

To these symbolic patterns let us add the physical tracing of the soil caused by cultivation: agrarian patterns, imprinted by the farmer, the "lead actor of the eighth day of creation."[16] In the example of figure 7, the tiller of the Argentinean soil has shown a profound respect for nature, working around the stand of trees in his field. He has performed an ecological act, intentionally or not. The farmer's "markings"[17] sculpt the landscape; they recall the conceptual vision called "land art," another system of agrarian patterns made by artists working on the landscape to create an aesthetic of geographical space. These "earthworkers" choose the "unorganized, undetermined environment"[18] of virgin territory, prairie or desert. Appearing in the United States around 1967, this spatial art is excluded from museums. It is often ephemeral, subject to the erosion of time, in a "timeless place where the vastness of nature puts man in another time."[19]

Pattern: "Mother Earth"

The eye listens.

Paul Claudel

A version of the Lunda musical instrument shown in figure 8, the *zanza*, is also used by the Tshokwe and Luba peoples of the Kasai. Their similar designs sometimes differ in interpretation, but each instrument has the same symbolic basis. While the graphics of this Lunda *zanza* suggest trails, or passages, echoed in the abdominal scarification patterns of Tshokwe women, to the Luba and even the Songye they represent the patterns (or passages) of the original matrix, the womb of the Earth Mother (which are also symbolized in the furrows of the *kifwebe* mask). Moreover, the cowrie shell, symbol of the female sex, carved in the center of the instrument completes the allusion to the womb.

Pattern: Water

In the language of symbols, water, like earth, is represented by a curved or winding line. Water and earth, two fundamental elements of genesis, go together—water fertilizing, earth fertilized. Along with air and fire, they are at the origin of life and creation. For life started from a spark in the oxygen in the body of water covering Earth at the dawn of time.

The thirteenth-century French illustration shown in figure 9 was chosen by Baltrusaïtis as the image of a "cartographic perspective,"[20] and was suggested by René Huyghe as a representative example of a "growth form."[21] It also might depict Saint John, as Huyghe speculated. The water would then be not only the vital fluid bathing the embryo in the mother's womb, but also the purifying water of spiritual life, of the Holy Spirit, where the apostle immerses himself, baptized anew. Saint John is said to have written the Apocalypse in exile on the island of Patmos.

8. Lunda *zanza*

9. Saint John on the island of Patmos

A

B

C

10. Universality and permanence of the spiral. A, Africa (gold weight); B, Asia (Chinese bronze); C, Europe (Greek vase, detail); D, North America (Anasazi bowl)

11. Universality and permanence of the labyrinth. A, Africa (Zulu sand design); B, India (tattoo); C, North America (Hopi petroglyph); D, Europe (coin from Knossos)

D

B

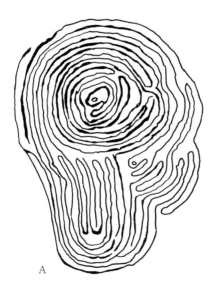

A

C

D

Pattern: Anthropology

The wandering journey of the soul[22]

Jill Purce

Earth and water, elements of genesis, are also at the origin of humankind's journey. In the language of symbols, they appear as the essential anthropological patterns of spiral and labyrinth (figs. 10 and 11). Against the terrestrial labyrinth, the spiral is like the exponential curve of the cosmic spiral, belonging to the world of the air, the spiral of the soul's journey, companion to the bird soaring through the spirit of Oceania.

The dynamics of the spiral suit the kinetics of travel, and over the ocean waters plied the ancient migrations through the vast reaches of the South Pacific. Thus it is no surprise that the curve prevails in the art of Oceania, distinguishing this art from that of Africa, which prefers a straight, often upward line, influenced as strongly by continental geography as by socioreligious fundamentals. The meandering journey of the soul and immemorial migration are what the decor of the Arawe shield (fig. 12) suggests, while the imagination evokes jointed half-masks or mirror-image fingerprints.

The inner side of the shield shows the repetition of an evocative motif, that other universal symbol of repro-duction—the vulva or uterus (the *Vulvenbilder*)—in a bilobe idiogram. The same motif is found in the neigh-boring Trobriand Islands on canoe prow carvings show-ing an ancestor emerging, reborn, between two whorls (fig. 13).[23] This graphically dynamic design recalls the twisting ring of draining fluid—the vortex, another factor of form and force. The shape of the spiral also calls to mind the structure of DNA, the coded molecule of genetic memory, at the origin of all life.

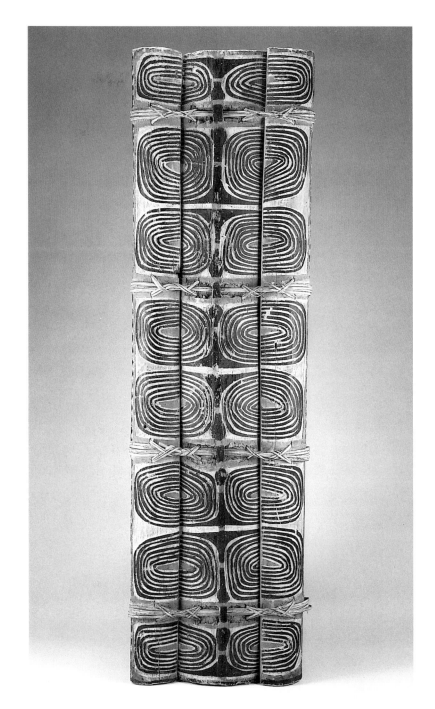

12. Arawe shield, New Britain

13. Carved canoe prow, Trobriand Islands

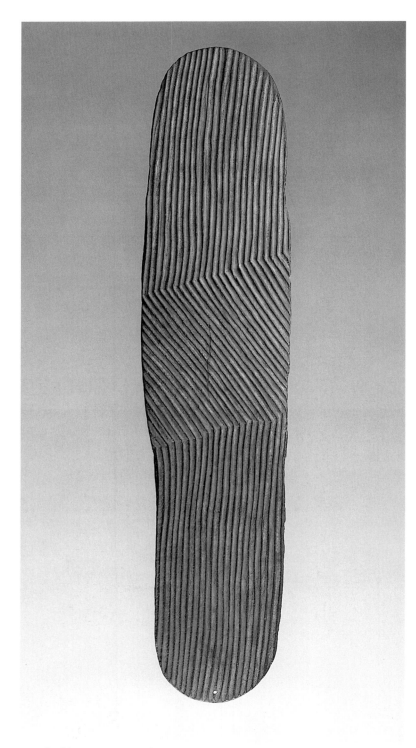

14. Shield, western Australia

Passages of the "Dream State"

There is a dream dreaming us.[24]

A Kalahari Bushman

Dreams are not merely a physiological phenomenon tied to sleep cycles; they are a journey beyond consciousness, beyond the confines of the exterior world and objective reality, that can locate archetypes of the collective unconscious.

Our theme here is not the waking dream of the artist or poet, or the daydreams of children, so fragile in this modern era singularly lacking in wonder. Nor will emphasis be placed on the induced dream of the shaman or mask maker whose privileged communion with the spirits produces a reverent inspiration that gives soul to the form created, life to the surrogate imagined during this "dream materialized."[25]

For the Australian aborigine, as for the Bushman of Africa's Kalahari, who have in common their continental isolation,[26] the dream can have a creative role or be "the shadow of a real thing." "Dream Time" for the native Australian explains the beginning of the world, the dawn of humanity, the myth-laden "time of all metamorphoses." The ancestors, "great ancients of the Dream Time," issuing from the original void, created nature. Human beings identify with nature and are at once part of it and outside of it. This osmosis, source of numerous transformation myths, informs aboriginal sculpture and painting, which lives the past in the present tense.

The artist, using age-old gestures, perpetuates the memory of the ages in a fixed society with traditions thousands of years old, placing great value on the creative act that transmits them. The patterns traced on archaic shields express primordial passages and, like a coat of arms, emphasize clan membership in the "heraldry" of occupied territories (fig. 14). The striated surface of such shields—still cut from rare wood with tools of stone, opossum tooth, and shell—represents the journey of the first ancestors and is strongly reminiscent of the Songye *kifwebe*.[27]

The Lost Patterns of the Forest

> Those from the land of trees who dance the
> dances of the Gods.[28]
>
> > Egyptian document, c. 2000 B.C.
>
> They know about the stars and hidden things.[29]
>
> > P. E. Joset

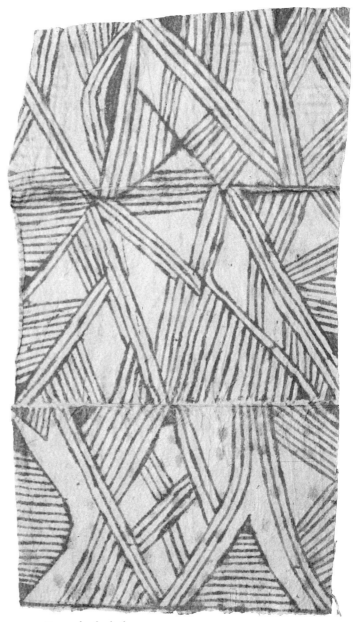

15. Pygmy bark cloth

The Mbuti woman to whom the age-old designs were
handed down now perpetuates them on beaten bark
cloth (fig. 15). She reproduces examples, using the traditional markings, or innovates as inspiration dictates.
But she no longer has the key to what formerly was a
"vocabulary" of cultural signs. These markings constitute
a lost message recalling the patterns of man-made tracks
in the closed space of the dense forest. They could be
translations of ancestral myths, taking inspiration from
shapes in the natural surroundings or from the sky
occasionally glimpsed through the nearly impenetrable
treetops.

Coded art of the deep forest, marked by geomorphology,
the bark cloth designs are a forgotten pattern of atavistic
memory, a response to the anxiety caused by an oppres-
sive environment, yet in communion with it, through
the "voice of silence," the silence of the forest that gave
rise to it, silence broken only by the piercing sound of
Pygmy flutes.[30]

The capital role of women in the different disciplines of
primordial artistic creation has too often been neglected.
The bark cloth, now a means of individual expression, is
drawn freely, "with heart," by its female Pygmy creator.[31]

Elsewhere, working with earth and water—essentially
feminine elements—woman is the potter of Africa. She is
also the designer of Kasai cut-pile textiles, the painter of
Ndebele huts—like her Indian sister in Mithila, whose
essential task is to create, even if her work is washed
away by the monsoons. It is an act of faith.

16. Decorative scribbling

17. Watercolor by Stanislas Drzemala

Pattern: Insanity

Artwork by the mentally ill transcribes the chaotic universe of the unbalanced mind. Fleeing into space and time, this work sometimes recaptures primordial chaos in the incoherence of its scribblings (fig.16). The barrier between normality and insanity is quite fragile, for human beings carry within them the seeds of instability or even a latent self-destructive tendency that can tinge the cycles of history with glimpses of the apocalypse.

Pattern: Childhood

> It is in the unconscious of the child that we best see the power and universality of archetypes[32]
>
> Carl G. Jung

Children, inventing art, depict what they know, what they feel, not what they see. As one child aptly put it, a drawing is an "idea with a line around it."[33]

Juvenile artwork stands out in its sincerity, its spontaneity of innocence and naïve freshness of the natural, with a winning "extra sense." The child does not lie, but tells a story; it is up to us to listen, and if we are attentive this authenticity may have much to teach us about ourselves. "Childhood may be the closest we come to 'real life,'" wrote André Breton, "…although it is also our best chance for total possession of the self,"[34] which echoes Goethe's thought that genius, moving beyond the conscious, is a "second childhood."

The watercolor reproduced here (fig.17), full of the earth symbolism we have discussed, was painted by a seven-year-old for his mother (see "Pattern: Mother Earth")[35] Hearing how much the customers at his grandfather's frame shop liked his work, young Stanislas made this marvelous comment: "If you plan to sell them, don't expect me to paint more than one a day." It came as no surprise that the customers, without a clue to the artist's age or identity, believed they were discovering a new genius.

Pattern: The Heart

I believe, along with René Guénon, that "in the heart of symbolism is the symbolism of the heart."[36] "Temple of God" to the Hebrew, it was the "center of man," as well as his "inner fire," in Aristotelian thought, while the Aztecs, holding the heart in the same high regard, tore it out as a sacrifice to their gods. A multifaceted symbol, representing anything from affection to passion, the sacred to the profane, the heart can stand for love as well as faith, conscience as well as intellect. In literature, as in everyday language, it illustrates the poetic image and blooms in metaphor. "Intelligence of the heart," the "eyes of the heart," are figures of speech that will serve our purpose to link the heart and the mind. If for Pascal and Vauvenargues "great thoughts come from the heart," for Antoine de Saint-Exupéry "only with the heart does one see clearly."

The ancient Chinese used two different verbs to designate our faculties of sight—one for seeing with the eyes, one for seeing with the heart—thus reducing the possible ambiguity of a metaphorical or symbolic image. In the Islamic Sufi sect "the eye of the heart (*ayn el qualb*)," symbolized by the peacock feather, is also taken to be the organ of spiritual perception, much as in Augustinian ideology.[37] The heart is the omniscient "third eye" of the spirit attributed to Siva in Hindu myth. Ancient Egyptians, foreshadowing the role of the brain, called the heart the "center of thought"; seat of the conscience, "it guides and corrects man."[38]

It is tempting to make comparisons between Egypt of the pharaohs and black Africa on the basis of certain parallels. Even in modern Africa, an elaborate, highly metaphorical use of language runs to poetry and buttresses the use of linguistic symbols. Thus the expression "The heart thinks" is still heard in Nigeria[39] or is seen in the calabash from Dahomey (fig. 18), a gift from a suitor to his sweetheart.[40] This is the message-calabash *zoka* (or "fire calabash" etched with fire) that precedes a proposal of marriage. Its design may be translated as the ideogram for "eyes of the heart": "My heart and my thoughts are

18. *Zoka* ("fire calabash"), Dahomey

19. Hearts carved on a tree trunk

full of you....My two eyes are fastened on you."[41] A romantic gesture, reminiscent of courtly love in medieval Europe, the days of minstrels and troubadours, an age not lacking in grandeur, for all its barbarity (fig. 19).

Like the Greek philosopher with the "music of the spheres"[42] or the Zen monk with the "cosmic mindset," anyone today who aspires to "awareness" should still be able to listen with the "heart's ear," which sensed life's first rhythms. Hear the beat of the "visible and invisible heart of the universe...is that too bold an ambition?"[43]

20. Pictographs from Le Mas d'Azil, Ariège, France

The First Signifying Patterns

More than three hundred small stones decorated with red ocher (fig. 20) were discovered in Ariège, one of France's southernmost regions, facing across Spain toward Africa. Dating from the Mesolithic era, about 8000 B.C., they reveal a Franco-Iberian settlement influenced by the penetration of African populations into peninsular Spain. The skeletal remains found at the site show traces of red ocher, which must have been used in the burial rite. The remains were oriented east–west, "toward the sunset," another similarity to certain continental African practices. Throughout human history, populations have migrated and mingled, and similarities such as these go beyond mere coincidence.

Beyond symbol, the decorations on these prehistoric stones seem to suggest the first patterns of a set of interchangeable "characters," which may constitute the oldest of alphabets, preceding the Phoenician or even the Creto-Aegean, which they resemble, as the first examples of "signifiers," or linear "writing." I have closed with a discussion of these pictographs as preparation for a reading of the objects in the exhibition. Those objects are both evidence of a "collective memory" and "variations on a theme"—they are signposts on my life journey.

Translated from the French by Mary Feeney.
Edited by Evan M. Maurer.

NOTES

1. Cf. Friedrich Nietzsche.

2. Etymologically, *museum* is "the temple of the Muses."

3. T. S. Eliot, "Burnt Norton," *Four Quartets*.

4. Let us not forget that while not strictly "antiscience," surrealists like André Breton denounced the skewing of intellectual speculation into bodies of knowledge, opting instead for a "real" and "disinterested" functioning of thought.

5. T. S. Eliot, "Little Gidding," *Four Quartets*.

6. Quoted in Colette Noll, *Sculptures africaines dans les collections publiques françaises*, Orangeries des Tuileries (Paris, 1972).

7. Ajit Mookerjee, *Art Yoga* (London, 1975).

8. It bears repeating that ethnography is an analytical "science" dealing with all the activities (including the aesthetic) of a given social group, whereas ethnology is a "structural" science of synthesis, the study of these activities as a whole, their general nature and evolution.

9. Quoted by Claude Elsen in "A Kyoto—Les jardins de la méditation," *Plaisir de France*, July–August 1969.

10. Quoted in P. Ferryn and I. Verheyden, *Chroniques des civilisations disparus* (Paris, 1976).

11. Probably for funerary use as in Egypt.

12. Quoted by J. Clair, "Considérations sur l'état des beaux-arts," *Critique de la Modernité* (1983).

13. M. Griaule, *Dieux d'eau: Entretiens avec Ogotemmelli* (London, 1987).

14. M. Adams, *Designs for Living* (Cambridge, Mass., 1982).

15. H. Morlighem, "L'arithmosophie suivant des Baluba du Kasaï," *Terre Africaine* (Elisabethville), no. 2, (March 1952).

16. Georg Gerster, *Le pain et le sel* (Paris, 1980).

17. Cf. J. F. Pirson, *La structure et l'objet* (Liège, 1984).

18. J. L. Ferrier and Y. Le Pinchon, *L'aventure de l'art au XXe siècle* (Paris, 1988).

19. Ibid.

20. Jurgis Baltrusaïtis, *Réveils et prodiges: Le gothique fantastique* (Paris, 1960).

21. René Huyghe, *Formes et forces—De l'atome à Rembrandt* (Paris, 1971).

22. Jill Purce, *La spirale mystique* (Paris, 1974).

23. These prow figures are reminiscent in form of Ionian columns in Grecian architecture.

24. In J. C. Campbell, *The Mythic Image* (Princeton, N. J., 1975).

25. Cf. J. W. Mestach, *Etudes Songye: Formes et symbolique, essai d'analyse*, Galerie Jahn (Munich, 1985).

26. Both also live under the Tropic of Capricorn.

27. Mestach, *Etudes Songye*.

28. The ancient Egyptians' term for the virgin forest of Central Africa.

29. P. E. Joset, *Zaïre* 2, no. 1 (January 1948).

30. Francis Mazières, *Tumuc-Humac: Musique de la haute forêt amazonienne* (Paris, 1952).

31. "Woman who works with one heart." R. F. Thompson, *Painting from a Single Heart* (Munich, 1983).

32. Carl G. Jung, essay on the exploration of the unconscious, in *Man and His Symbols* (London, 1964).

33. Response of a child in Kiev to a questionnaire used by the organization that preceded UNESCO in the immediate postwar period.

34. André Breton, *Surrealist Manifesto*, (1924).

35. Stanislas Drzemala, born March 5, 1980.

36. R. Guénon, *Symboles de la science sacrée* (Paris, 1988).

37. Robert Laffont, *Dictionnaire des symboles* (Paris, 1982).

38. Georges Posener, *Dictionnaire de la civilisation égyptienne* (Paris, 1959).

39. Cf. Farris Thompson in *Chefs-d'oeuvre inédits de l'Afrique noire* (Paris, 1987).

40. Claude Savary, "Notes à propos du symbolisme de l'art dahoméen," *Bulletin Annuel du Musée et Institut d'Ethnographie de la Ville de Genève* 10 (1967):87.

41. Ibid.

42. The "music of the spheres," or "cosmic music," discussed by Plato and Pythagoras, among others; Pythagoras had developed an arithmetical theory of music by the sixth century B.C.

43. Noubar Boyadjian, *Le coeur: Son histoire, son symbolisme, son iconographie et ses maladies* (Antwerp, 1980).

Catalogue

To convey in full Mestach's observations and theories, we provide a transcription of his comments in the original French immediately following the catalogue entries.

For Mestach, the artist and collector, *seeing* is an essential function in symbolic and aesthetic communication. In this spirit, he associates the ancient Greek mythological character Argus Panoptes with the presentation of his ensemble of art. Argus, a giant of great strength, had one hundred eyes, half of them open at any given time. He is famous as a watchful guardian and is known as "one who sees all."

This catalogue of the Mestach collection is organized to reflect Mestach's particular approach to works of art from an aesthetic as well as a cultural point of view. The order of presentation here and in the exhibition is consistent with the way Mestach conceives of his collection and displays it in his home. He believes strongly that objects gain value and meaning not only from their own attributes but also from their association with other works of art.

Mestach has worked for more than forty years to develop his collection as an ensemble. In this process he has created a series of definitions to characterize particular groupings within the ensemble. While many of the objects have multiple references and could be listed in several categories, their arrangement here emphasizes their principal characteristics as defined by the collector and referred to in the accompanying text.

Genres

Anthropomorphized objects of status (nos. 1–5)
Sounding forms (nos. 6–10)
Zoomorphic forms (nos. 11–28)
Objects with linear surface design (nos. 29–36)
"Pfahlplastik" (nos. 42–44)
"Gestalt" (nos. 45, 46)
"Expressionism" (nos. 47–50)
"Surrealism" (nos. 51–62)
Multiple faces (nos. 63–67)
"Synthesis and abstraction" (nos 68–79)

Fundamental Structural Forms

Elongated forms (nos. 80–87)
Heart-shaped forms (nos. 88, 89)
Lozenge-shaped forms (nos. 90–93)
Trapezoid forms (no. 94)
Circular forms (no. 95)
Geometric abstraction of the surface by division of colored zones (nos. 96–99)
Concave–convex (nos. 100, 101)
Images of the hand (nos. 102–107)
Birth of a style (no. 108)
Unique forms (nos. 109, 110)

Variations on a Theme

*Objects and Subjects
from Africa and Elsewhere*

A work of art can always teach us that we have not seen what we see.

Paul Valéry

Inanimate objects, have you then a soul which attaches to our soul with the power of love?

Lamartine

Argus (detail), Pinturicchio

The work of art loses its cultural identity when it is shown out of its geographical milieu and social context. Because we remember African art as a colonial souvenir or an object on the collector's wall, or because we associate it with modern European art, we often forget the integral and essential relationship of the African object with its original cultural context. For example, we must imagine the mask as part of a full costume ensemble and see it in the important ritual context of the dance, moving with the music and excitement of the dynamic performance.

Before being works of art, these objects are created within and for powerful cultural systems. They follow conventions of form and decoration, but they also allow for the expression of individual creative genius.

In Africa great importance is given to the artist-smith, who hand-forges iron into vital tools, weapons, and ritual objects. Because of the transformational and specialized nature of his work, the smith is regarded as a person of power in many African societies, where his skill involves the control of essential forces.

Throughout many parts of Africa and especially in Zaire, smiths traditionally have made complex knives and swords for hunting and battle. Variants of these objects were also produced to serve as symbols of people of special social or religious status. Given the nature of his technique, the smith tends to rely on the silhouette or outline to express form. In the first three swords in this series, the silhouette represents a human figure with upraised arms; in the last sword the arms hang down. The range of these figures from abstract to representational shows the extraordinary variety of formal expression found in African art. These swords and the dance baton from southern Africa also reflect an interest in the symmetry of the human body. The emphasis on the vertical centerline as an expression of symmetry and axis of the body has reference to the axis mundi, the center of the world. Similar forces in the organization of the world, from the plan of the village to geographical and astronomical forms, figure prominently in the philosophy and religion of the area.[1]

1 Allen F. Roberts, "Social and Historical Contexts of Tabwa Art," in Allen F. Roberts and Evan M. Maurer, eds., *The Rising of a New Moon: A Century of Tabwa Art*, University of Michigan Museum of Art (Ann Arbor, 1985), pp. 1–48.

1
Sword
Lobala
Zaire
Iron, wood, copper
57 cm

2
Sword
Monjemba
Zaire
Iron, wood, copper
51 cm

3
Sword
Konda
Zaire
Iron, wood, copper
57 cm

4
Sword
Kuba-Nkutshu
Zaire
Wood, leather, iron
63 cm

Like many objects of African art, this sword and sheath have multiple references to the human body. The silhouette describes a figure, while the curvilinear relief lines toward the bottom of the form refer to the eyebrow line going into an elongated nose, forming a face. The form itself recalls Mahongwe reliquary sculpture.

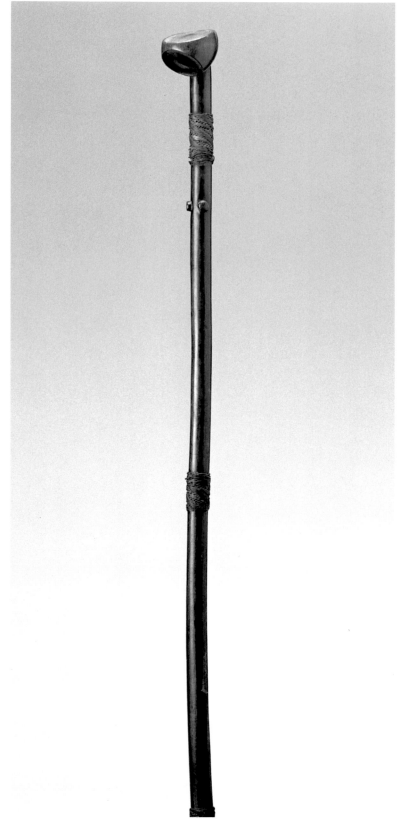

5
Dance Baton

Ngoni
Zambia or Malawi
Wood, copper
68 cm

This dance baton is based on the larger war club used by many peoples in southern Africa. Here, the top represents the human head and the handle represents the body. A diminutive pair of breasts carved on the handle denote a female figure.

ince the dawn of time, musical instruments of
the indigenous peoples of Africa, Oceania, the
Americas, and elsewhere have constituted a rich
world of symbolic forms. These forms often tell stories
of myth and history, relating humans to the earth, and
the world of the living to the realm of the dead. Among
all cultures, the "voice" of the instrument is a powerful
evocation of human emotion and sacred presence.
Because of this conceptualization of the instrument as
a vital force, many cultures anthropomorphize its form
by adding sculptural references to the human anatomy.
These specialized forms become figures of resonance
operating on many levels of symbolic meaning and
affective power.

The eye listens, the ear sees.

Surrealist metaphor

6

Drum

Kuba
Zaire
Wood, copper, leather
1.28 m

Sounding Forms, American Federation of Arts (New York, 1989), p. 112, fig. 44.

The drum is one of the most ancient instruments found in cultures
throughout the world. The drum plays a ubiquitous and honored
role in African life, where its rhythm and voice provide structure
and meaning to ritual and dance. African drumming is a very
complex art capable of many levels of communication.

The body of this tall and elegantly shaped drum (*ntshoom*) is
covered with differentiated areas of intricate geometric patterns in
bas-relief carving. These interwoven design systems are a hallmark
of arts from the Kuba empire and are found on virtually all forms,
from embroidered and woven textiles to pottery, metalwork, and
sculpture. Many of the designs are associated with commonly held
myths or with individuals of royal lineage. Drums of this shape are
important in Kuba ceremonial life.

Many Kuba drums also have carved references to humans, especially heads or hands. This example has a large nose carved on the
top section of the cylinder. By extension, the nose refers to breath
and therefore to life. Because of their ability to "speak," these drums
with human figural attributes are conceptually as well as physically
anthropomorphized. In the royal court drums have their own names
and are closely associated with the king himself. This drum was collected in the Mweka region and was said to have belonged to an old
blind musician who had played at the court of the Bushong kings.

For further information:

J. Cornet, *Art royal Kuba* (Milan, 1982), pp. 294–300.

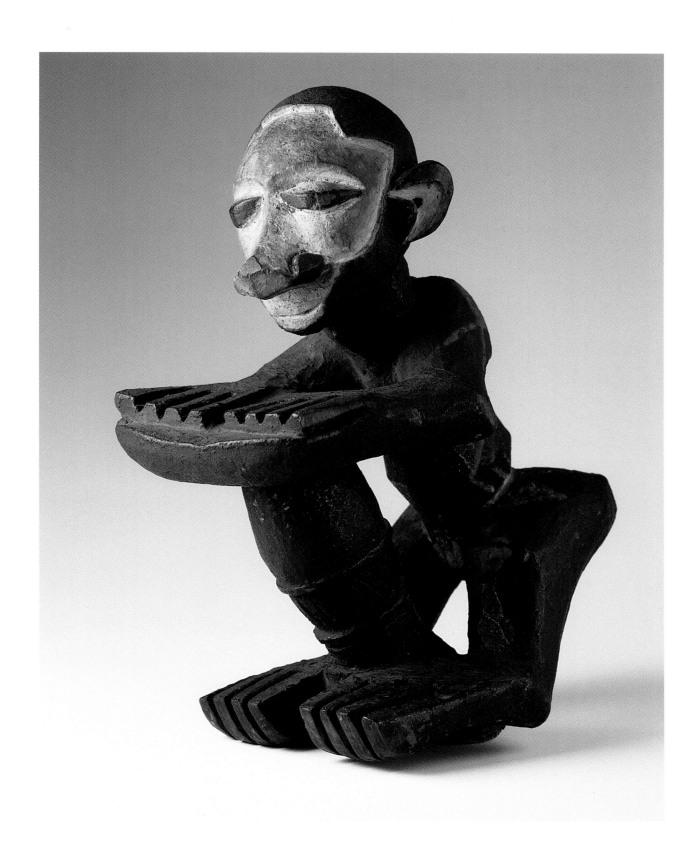

7
Figure of a Drummer

Yaka-Nkanu
Zaire
Wood, pigments
26.3 cm

Sounding Forms, American Federation of Arts (New York, 1989), p. 185, fig. 161.

Because African statuary is so often static and controlled, this dynamic figure of a drummer playing his instrument is a relatively rare reportage of action. A sense of powerful movement is expressed in the angles created by the stylized geometry of the springlike legs, the diagonal of the drum, and the concentrated power of the upper body. This drummer is associated with dances that accompany the rite of circumcision and initiation of young men's coming-of-age rituals.

For further information:
Arthur P. Bourgeois, *Art of the Yaka and Suku* (Meudon, 1984).

8
Harp
Mangbetu
Zaire
Wood, leather, fiber
85 cm

Sounding Forms, American Federation of Arts (New York, 1989), p. 89, fig. 2.
William Rubin, ed., *"Primitivism" in 20th Century Art*, Museum of Modern Art (New York, 1984), 1:309.

The cordophone with leather-covered wooden sound box and curving neck is used throughout Africa to accompany songs that honor and praise heroes, chieftains, and kings. In northern Zaire the harp is associated with rituals of spiritual power and especially rites of divination.

Among the Mangbetu and Zande peoples of northern Zaire, the harp is often anthropomorphized by the addition of a human head at the end of the long, curving neck. This example extends the metaphor involving the human body and the structure of the instrument by having a pair of human legs and feet appended to the sound box. This section of the harp thus becomes the torso of a powerful anthropomorphic transformation that emphasizes the spiritualized role of the musical instrument in traditional African societies.

For further information:

E. Schildkraut and C. A. Keim, *African Reflections: Art from Northeastern Zaire* (New York, 1990).

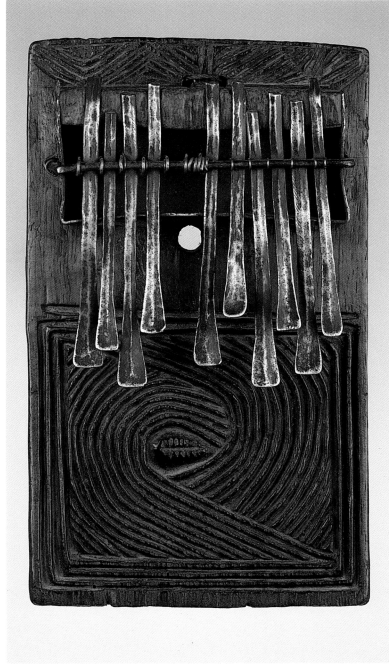

9
Friction Drum
Panaras
New Ireland
Wood
57 cm
Collected by Enders in 1915
Ex-collection Dresden Museum

William Rubin, ed., *"Primitivism" in 20th Century Art*, Museum of Modern Art (New York, 1984), 1:309.

This unusual instrument is played by vigorously rubbing the three frontal sections with the resin-covered palm of the hand, which produces resonating vibrations. The eyes carved into the rounded top flank a dividing ridge that represents the orbital crest and beak of a bird. The instrument is called *livika* and is most commonly used in the elaborate *malagan* funerary rites, for which intricate masks, figures, and relief sculptures are also produced.

10
Plucked Idiophone
Lunda
Zaire
Wood, iron
20 × 12 cm

These instruments, also called thumb pianos, are found throughout central Africa, where they are commonly known as *zanza*. They are held in both hands, and the keys are plucked with the thumbs.

Animals have had a vital role in human culture throughout history. They are often principal characters in creation myths and are represented as a major means by which humans communicate with the worlds of the spirits and the ancestors. Animals are found as symbols and metaphors in all traditional cultures, and their zoomorphic forms are used in many types of artistic expression. The Mestach collection contains a number of zoomorphic sculptures that reflect this universal variety.

11
Figures of Birds
Senufo
Ivory Coast
Wood, pigment
20.5 × 46.5 cm

Like many agricultural peoples in Africa, the Senufo have traditional rituals associated with the life-supporting process of cultivating the fields. These figures of flying birds with smaller birds attached to their bodies are used in rituals associated with the harvest.

12
Figure of a Bird
Senufo
Ivory Coast
Wood
63.5 cm

Marie-Louise Bastin, *Introduction aux arts d'Afrique noire* (Arnouville, 1984), p. 113, fig. 89.

Jacques Kerchache, Jean-Louis Paudrat, and Lucien Stéphan, *L'art africain* (Paris, 1988), p. 376, fig. 330.

The figure of a standing bird is often found in Senufo art. It represents *porpianong*, the hornbill bird found so frequently in African and Oceanic cultures as an important character in myth and ritual. Among the Senufo, this type of figure is associated with principles of fecundity in agrarian rites. In this example, the artist has created a sophisticated play of geometric form by contrasting the round torso with a flat, square plane that represents the outstretched wings. The long, curving beak recapitulates the torso in the arc of its outline in space.

For further information:

A. Glaze, *Art and Death in a Senufo Village* (Bloomington, Ind., 1981).

H. J. Koloss, *Die Kunst der Senufo*, Museum für Völkerkunde (Berlin, 1990).

13
Knife
Kota
Gabon
Iron, wood, copper
35 × 40 cm

In this extraordinary example of the smith's art, a knife is transformed into the form of a bird with a long, pointed beak and a cutout triangular eye. While this knife falls within the category of Zairian and Gabonese throwing knives, it would also have been an object of prestige carried by a man of high status.

14
Mask
Makua
Tanzania
Wood, feathers
19 × 12 cm

Leurquin and Meurant, "Tanzanie méconnue," *Arts d'Afrique Noire*, no. 75 (1990): 40, fig. 6.

With its strong oval form, this mask of a bird's head refers also to the egg, birth, and rebirth. The ovoid form is found among many Tanzanian peoples. The Fipa, for example, commonly carve it on the tops of socially important objects from staffs to hairpins.

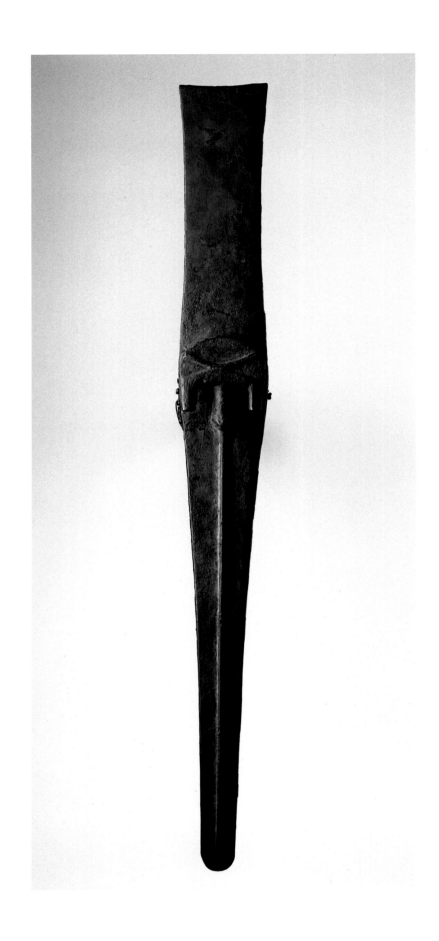

15
Mask
Ijo
Nigeria
Wood
1.33 m

The long, extended form of this mask restates the proportions of the crocodile. The mask is worn horizontally on top of the head by a dancer whose face and upper body are hidden in a costume that conceals his human aspects and accentuates ties to the spiritual forces of the animal world and the river. The mask is used in ceremonies of mourning.

16
Mask
Ijo
Nigeria
Wood
54 cm

Chefs-d'oeuvre inédits de l'Afrique noire (Paris, 1987), p. 167, fig. 130.

This mask exemplifies the multivalent character of many types of African sculpture. The form as a whole refers to a bird with wings hanging by its sides and a broad tail depending from the torso. The same arrangement of forms can be seen as referring to a human torso, and the center oval and curving side pieces recall the head of a ram. Thus the artist has been able to suggest a variety of life forms through one set of sculptural elements, thereby expressing the interrelatedness of animals and humans.

17
Figure of a Jackal
Abomey or Yoruba
Dahomey
Wood, fiber
65 cm

This figure of a jackal once surmounted a post as a guardian of a
Dahomian cemetery. The animal sits up alertly, its mouth open and
ears erect, ready to catch the slightest noise and sound the alarm
for the spirits of the dead. This jackal of West Africa recalls the
jackal-headed Egyptian god Anubis, who led the dead to judgment.

For further information:

P. Mercier, "Images de l'art anomalies au Dahomey," *Etudes Dahoméennes*, 1951,
no. 5:73–103.

M. J. Herskovits, *Dahomey, an Ancient West African Kingdom* (New York, 1938).

18
Mask
Mama
Nigeria
Wood
50 × 36 cm

Masques du monde, Société Générale de Belgique (Brussels, 1974).

Arts premiers d'Afrique noire, Crédit Communal de Belgique (Brussels, 1977).

Marie-Louise Bastin, *Introduction aux arts d'Afrique noire* (Arnouville, 1984), p. 219, fig. 214.

"Utotombo": L'art africain dans les collections privées belges, Palais des Beaux-Arts (Brussels, 1988).

This helmet-type mask represents the powerful buffalo and the spirits of the forest called *zumu*. It is worn on the top of the head with a long fringe of grasses that hides the face and shoulders of the dancer. The power of the animal and the spiritual forces it represents are embodied in the broad circular form of the horns, which have been isolated as the quintessential characteristic of the buffalo.

19
Mask
Bidjogo
Guinea-Bissau
Wood, pigment, fiber
65 × 34 cm

This unusual mask represents the head of a shark. It is worn on top of the head. The Bidjogo people live on an archipelago off the Atlantic coast, and fishing is one of their principal activities. The shark, the most powerful and feared hunter of the sea, is accurately depicted in the elegant and essential forms of this mask.

20
Stool
Senufo
Ivory Coast
Wood
54 × 37 cm

This unusual Senufo stool is carved in the form of a turtle, an animal associated with myths of the creation of the earth. The turtle is also closely related to women's powers and protection. In Africa, stools are reserved for people of social and ritual importance, and this particular example is especially reserved for use by women.

21
Bowl
Fiji Islands
Wood
88 × 55 cm

This large bowl carved in the form of a sea turtle was used for serving a drink called kava. The presentation and consumption of kava is a vital element of the social structure in traditional Fijian society.

The Bwami society is the paramount social and religious structure among the Lega people of Zaire. Bwami is divided into a complex series of initiatory hierarchical grades that are controlled by factors of age, experience, and wealth. Lega artists carve a variety of masks and figures that have specific didactic functions corresponding to grades within the order of the society.

22
Figure
Lega
Zaire
Wood
14 cm

This Bwami society figure shows a bird-headed man standing with hands on knees. The long beak could refer to the ibis (*kakulikuli*), which personifies loquaciousness.

For further information:

D. Biebuyck, *Lega Culture: Art, Initiation, and Moral Philosophy among a Central African People* (Berkeley, 1973).

23
Figure
Lega
Zaire
Wood
15.5 cm

Formal and stylistic conventions are an important element of Lega art. Because figures like this bird-headed Bwami sculpture must be recognizable in the context of ritualized learning, the artist must repeat conventional forms while expressing personal style.

24
Figure
Zimba
Zaire
Wood
11.5 cm

The Zimba are directly related to the Lega and also have the Bwami society as a major element of their cultural organization. This figure represents the chimpanzee (*nsoko*) and is said to personify the "old sage."

25
Frog
Lega
Zaire
Wood
11 cm

In the Lega Bwami society, the frog (*kitende*) personifies the neophyte at the beginning of his process of initiation.

26
Mask
Bembe
Zaire
Wood, pigment
37 × 23 cm

"Le marche des arts et des antiquités—Les arts primitifs," *Plaisir de France*, February 1974, no. 416, fig. 6.

François Neyt, *Arts traditionnels et histoire au Zaire* (Louvain, 1981), p. 308, fig. XV.5.

Marie-Louise Bastin, *Introduction aux arts d'Afrique noire* (Arnouville, 1984), p. 358, fig. 383.

In many cultures throughout the world, the owl is associated with wisdom and also with ghosts and the powerful spirits of the night. This mask, known as *eluba*, is used in Bembe initiatory circumcision rites (*butende*). Its two sets of eyes emphasize the vital role of vision and the special powers vision implies in the world of men and spirits.

27
Miniature Shield
Bembe
Zaire
Wood, pigment
13 cm

This miniature shield with a double owl face is associated with the masks of the Elanda society—an invitatory organizaton closely related to the Bwami of the Lega.

28
Mask
Yaka-Nkanu
Zaire
Wood, pigment, fiber
49 cm

Francois Neyt, *Arts traditionnels et histoire au Zaire* (Louvain, 1981), fig. VI.5.
Arthur P. Bourgeois, *Art of the Yaka and Suku* (Meudon, 1984), pp. 16, 189.

This owl mask is used in Yaka initiatory rites in which boys are taught their roles as responsible adults. The elaborate fiber sculpture representing the coiffure carries its own set of meanings. Many examples also feature figures of animals, people, and houses.

29
Mask
Luba
Zaire
Wood, pigment, fiber
43 cm

R. Lehuard, "La collection Mestach," *Arts d'Afrique Noire*, no. 4 (1972).
François Neyt, *Arts Traditionnels et histoire au Zaire* (Louvain, 1981).

The Luba mask (*kifwebe*) is very similar to masks created by the neighboring Songye, to whom the Luba are related through lineage and history. The round Luba mask is produced in pairs expressing male-female dualities. It is used in dances of lunar rituals. The hemispherical shape articulated with concentric black and white stripes is said to have been inspired by decorated calabashes. Its bold and regular pattern adds optical dynamism to the strong sculptural forms of the prominent eyes and nose.

The striated masks of the Luba and Songye peoples recall the spiral design often associated with sacred caverns, earth spirits, and ancestral power.

For further information:

Allen F. Roberts, "Social and Historical Contexts of Tabwa Art," in Allen F. Roberts and Evan M. Maurer, eds., *The Rising of a New Moon: A Century of Tabwa Art*, University of Michigan Museum of Art (Ann Arbor, 1985), p. 62.

30
Mask
Songye
Zaire
Wood, pigment
53 × 34 cm

The sculptural qualities of this Songye *kifwebe* are emphasized by a strong forehead and a crest extending between the eyes to form the nose. This aggressive frontality is accentuated by the sharp, layered edges of the brow and chin. Covering the mask's surface is a carved linear pattern which would have been more apparent when the lines were newly filled with white pigment to contrast with the dark surface of the wood.

Masks of this type represent a spirit being and belong to an association called Bwadi Ka Bifwebe. There are many types and styles of striated masks; this one with its dark surface and white stripes is found toward the southwest of Songye country. The raised crest marks this mask as a male (*kilume*). The powerful Bwadi Ka Bifwebe society controls many areas of political and social activity among the Songye.

For further information:

J. W. Mestach, *Songye Studies: Form and Symbolism, an Analytical Essay*, Galerie Jahn (Munich, 1985), pp. 143–48.

31
Mask
Songye
Zaire
Wood, pigment
40 × 21.5 cm

Songye *kifwebe* masks are usually characterized by the inter-relationship between the large, bulbous forehead and the various articulated planes describing the rest of the face. This particularly strong example is marked by a low central crest that divides the middle of the rounded forehead and extends down into the nose.

The lower portion of the face is formed by a rather flat curving plane reaching from the eyes down to the chin. The entire three-dimensional ensemble is emphasized by the interplay of carved linear decoration that accentuates the sculptural structure of the mask, making this an ideal example of the relationship between two-dimensional and three-dimensional form in African art.

32
Shield
Songye
Zaire
Wood, pigment
80 × 37 cm

This type of ritual shield (*ngabo*) is stored in the hut where masks are kept (*kiobo*). It is used in various ceremonies and often appears in dances of the Bwadi Ka Bifwebe society. The reference to the masks is clearly made by the miniature carved into the center of the shield. The shield's contrasting patterns of black and white lines are another direct reference to the similarly decorated masks.

For further information:

J. W. Mestach, *Songye Studies: Form and Symbolism, an Analytical Essay*, Galerie Jahn (Munich, 1985).

33
Figure
Songye
Zaire
Wood
30 cm

This unusual small figure (*kankenze*) represents a spirit associated with the Bwadi Ka Bifwebe society wearing a mask. The figure's short, powerful torso and large feet are very similar in style to the Songye figural sculptures that are produced in sizes ranging from small personal figures to examples three to four feet tall. The latter are associated with the well-being of entire villages.

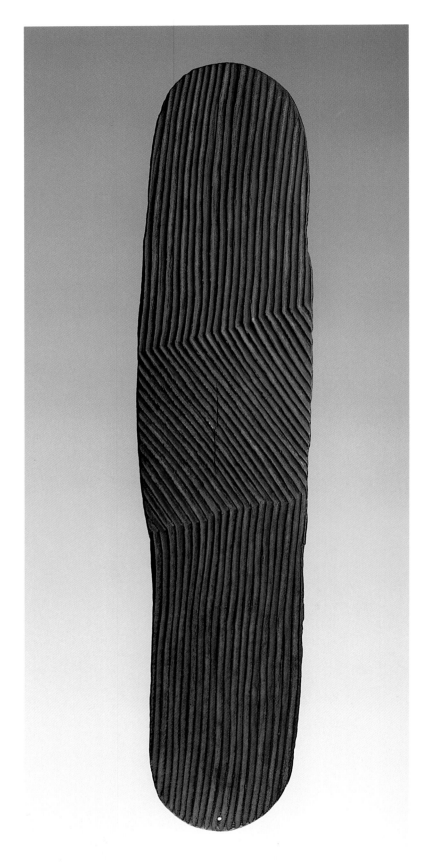

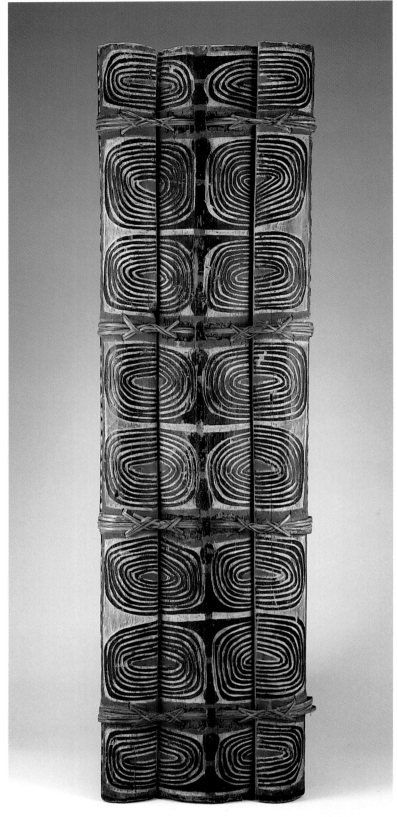

34
Shield
Australia
Wood
80 × 17 cm

Small parrying shields of this type were created by aboriginal tribes
of western Australia. They are carved with angled parallel lines,
which are often filled with red earth pigment. The patterns refer
to the Dream Time of the mythical history of these people.

35
Shield
Arawe
New Britain
Wood, fiber, pigment
144 × 38 cm

36
Dish
Lake Sentani
New Guinea
Wood
62 × 46.5 cm

In the social life of the Lake Sentani people, as in all cultures, celebratory feasts are important. The carved handle of this typically rectilinear dish has the form of a turtle's head and neck, in reference to the ceremonial role of these animals that live both on land and in the water. The back of the dish is carved with an elaborate low-relief design of hands, used on many Lake Sentani objects.

37

Mask

Lega
Zaire
Wood, pigment
21 cm

This perfectly balanced and elegantly designed object is a pseudo-mask that was created for the Lega Bwami society, a male organization that teaches and regulates social and political values and conduct in the community. Objects such as this represent the adages and dictums of the Lega ethical code. They are kept together in baskets collectively belonging to different grades of the hierarchical society.

The complex interplay of the heart-shaped white face with the crested oval of the black painted head creates a formal synthesis that is both symmetrically balanced and dynamic. The perfection of the design and proportions expresses a formal aesthetic widely held among the peoples of the Maniema.

Unlike most faces of Lega sculptures, this pseudomask and the figure that follows (cat. no. 38) have no indications of eyes. Indeed, this mask form is both blind and dumb, for it lacks a mouth as well as eyes. In the complex didactic methodology of the Bwami society, this head may refer to the power and necessity of sight and speech in the process of learning and the conduct of communal life.

For further information:

D. Biebuyck, *Lega Culture: Art, Initiation, and Moral Philosophy among a Central African People* (Berkeley, 1973).

38
Figure
Lega
Zaire
Wood, pigment
62 cm

François Neyt, *Arts traditionnels et histoire au Zaire* (Louvain, 1981), p. 55, fig. III.10.

This sculpture is an important symbol used during the male circumcision and initiation rites of the Lega. Its oval head and white, heart-shaped face follow the same aesthetic conventions as the preceding mask. This sophisticated abstraction has many similarities to sculptural abstractions made by Cycladic artists of the ancient Mediterranean and by twentieth-century artists such as Constantin Brancusi. It also shares with them the unusual attibute of having no eyes—of being a "blind" figure.

The body is represented by a torso pierced with two parallel rectilinear voids, which create references to the arms and the trunk. This abstractness reinforces the figure's association with an idea or a spirit rather than a person.

39
Figure
Lega
Zaire
Wood, pigment, copper
61 cm

While similar to the preceding figure, this Bwami society statue has warmly glowing copper eyes and a single void in the center, which creates the legs. When collected, it was described as representing the chief of the men's house (*kagaloma ka mulubungu*).

40
Mask
Bembe
Zaire
Wood, pigment
53 × 40 cm

R. Lehuard, "La collection Mestach," *Arts d'Afrique Noire*, no. 4 (1972): 9.

P. Gossiaux, "Chez les Bembe," *Trésors d'Afrique*, no. 19:41.

Actualité des Arts, no. 3 (November 1973), cover.

Marie-Louise Bastin, *Introduction aux arts d'Afrique noire* (Arnouville, 1984), p. 358, fig. 382.

Ezio Bassani, *La grande scultura dell'Africa nera*, Forte di Belvedere (Florence, 1989), fig. 135.

This helmet mask has two faces dominated by black staring eyes set in large white ovals. The mask is called *kalunga*, and its double face refers to its association with the female principle and the power of twinning. The Mother of Twins mask is worn in ceremonies directed by a male figure carrying a symbolic knife.

The Bembe group who use the *kalunga* masks live near the Maniema peoples of the Lega.

41
Ritual Knife
Bembe
Zaire
Wood, pigment, fiber
65 × 20 cm

This wooden knife is carried by a man who directs the dancer wearing a *kalunga* helmet mask. It is a ritual copy of the crescent-bladed iron knives and swords found in many areas of Africa as well as the ancient Near East.

One side of this ritual knife is painted red and associated with movement and action. The other side is painted white and refers to stasis and the arresting of movement. The small curved objects on top of the knife represent antelope horns. Horns were used to hold magical substances that enhanced the power of the object and its user. By pointing with these magic horns, the man holding the knife can indicate direction, movement, and speed.

42
Figure with Four Faces
Lega
Zaire
Wood, pigment
29 cm

This four-headed figure is part of the didactic paraphernalia of the Bwami society. It belongs to a series of objects referred to as *sabit-webitwe*, which symbolize wisdom and perspicacity.

This figure and the two that follow are examples of objects in which the overall finished form is determined by and reflects the original shape of the material from which it was carved. The German term *Pfahlplastik* (postsculpture) is often used for such works.

43
Figure with Four Faces
Lega
Zaire
Wood, pigment
35 cm

The eyes on this and the preceding *sabitwebitwe* figure are formed by horizontal ovals crossed by a longitudinal carved slit. They have several references, including cowrie shells, which are similarly shaped objects of value often attached to a statue to represent the eye.

44
Figure
Kasongo
Zaire
Wood
28 cm

This Kasongo figure is stylistically similar to the sculpture of the Luba-related ethnic groups in east central Zaire. The compact cylindrical design of this sculpture follows the shape of the tree trunk from which it was carved.

45
Double Figure
Shamba
Nigeria
Wood
48 × 18 cm

Chefs-d'oeuvre inédits de l'Afrique noire (Paris, 1987), fig. 198.

This unusual double figure consists of a male torso and a female torso carved from a larger section of trunk supported by a pair of legs. The basic male-female duality is a universal theme. This binary figure is a reference to the primordial couple—the progenitors of the people in general. By showing the figures coming out of a single body-base, the sculptor reinforced their common roots and unity.

With this unity of the constituent elements in the whole, object and idea are brought together in one form. This sophisticated sense of gestalt is an example of the complex philosophical systems of traditional African societies.

46
Double-Faced Figure
Lobi
Ghana
Wood
1.08 m

P. Meyer, *Kunst und Religion der Lobi* (Zurich, 1981).

The Lobi people are divided into two major groups, the larger living in Burkina Faso and the smaller in nearby Ghana. This unusually large figure (*bateba*) is related to smaller and more common types that also feature the expressive use of anatomical distortion. The double head is a reference to male-female dualities, reinforced by the prominent breasts on one side of the torso. The complex interplay of arms, torso, and legs gives a sense of controlled but forceful movement. These qualities mark the sculpture as the work of a gifted creator who was able to go beyond common stylistic conventions.

47
Figure
Songye
Zaire
Wood, metal, feathers, fiber, and other natural materials
1.13 m

F. M. Olbrechts, *Les arts plastiques du Congo belge* (Brussels, 1959), plates XXXV, XXXVI, nos. 172, 176.

Actualité des Arts, no. 3 (November 1973), cover.

"Art d'Afrique," *Le Soir*, March 20, 1974.

François Neyt, *La grande statuaire Hemba du Zaire* (Louvain-la-Neuve, 1977), p. 356, no. 2.

William Rubin, ed., *"Primitivism" in 20th Century Art*, Museum of Modern Art (New York, 1984), 1:134, 135.

"Utotombo": L'art d'Afrique noire dans les collections privées belges, Palais des Beaux-Arts (Brussels, 1988), p. 325.

Jacques Kerchache, Jean-Louis Paudrat, and Lucien Stéphan, *L'art africain* (Paris, 1988), p. 453, figs. 729 to 731.

Ezio Bassani, *La grande scultura dell'Africa nera*, Forte di Belvedere (Florence, 1989), fig. 117.

This extraordinary figure was collected in 1910 by Mr. Heenin, the Belgian colonial governor-general of the Congo. It was taken from a village of the Bena-Kibeshi group as a sign of their submission to Belgian colonial rule.

The expressively energized figure was empowered by magical substances that added to its forceful ability to engage in the events of the world and protect the village community. Figures such as this were considered too powerful to be touched by human hands; when necessary, they were moved using long ropes.

For further information:

J. W. Mestach, *Songye Studies: Form and Symbolism, an Analytical Essay*, Galerie Jahn (Munich, 1985).

D. Hersak, *Songye Masks and Figure Sculpture* (London, 1986).

48
Mask
Pende
Zaire
Wood, pigment
28 cm

Masking societies perform vital roles in Pende religious ceremonies. They also have an important role to play in the secular life of the community, where they are used to express strengths as well as fears. This mask, known as *mbangu*, represents a person in the throes of an epileptic seizure who has fallen with his face in the fire. The separation of the twisted face into two distinct sculptural areas is accentuated by the contrasting black and white paint. This visual duality also refers to the opposing forces of sickness and health, good and evil. In many cultures, the disease of epilepsy is regarded as a mark of the gods and those afflicted as expressing a spiritual state of communication.

For further information:

L. de Sousberghe, *L'art Pende* (Brussels, 1958).

49
Mask
Pende
Zaire
Wood, pigment
28 cm

The black-painted surface of this Pende mask indicates that it represents Tundu, the Black One, who comes from the world of dark forces. The character is portrayed as the incarnation of evil, who wildly torments the people of the village. The large, staring eyes indicate spiritual possession, as does the pursed mouth that characterizes the frightening cries of the Tundu dancer.

50
Mask
Inuit
Alaska
Wood, fiber
5.2 × 13.3 cm

This thinly carved Inuit mask is made in the form of snow goggles that usually have thin eye slits to reduce the glare of the sun on the brilliant white snowfields of the Arctic. The mask is used during spring festivals that celebrate the end of the winter and the beginning of the spring hunts.

51
Container
Yoruba
Nigeria
Wood
20 × 38 cm

This head-shaped container was created for use at ceremonial altars. It probably contained kola nuts or other materials. Its character as a disembodied head gives it an ironic and surreal quality that heightens its presence as an object.

52
Helmet
Ifugao
Philippines
Wood
10 × 31 cm

Wooden helmets of this type were worn by Ifugao warriors. The round head and broad, flat brim were inspired by hats worn by Spanish soldiers, who were in the area from the sixteenth through the twentieth century. The human face carved on the crown could be a reference to the crested helmets sometimes worn by the Europeans. The effect testifies to the creative imagination that gives life or power to inanimate objects.

53
Cup
Kuba
Zaire
Wood
19 cm

Art Kuba, Crédit Communal de Belgique (Brussels, 1986), p. 5, fig. 11.

People of high status among the Kuba-related ethnic groups use wooden cups carved with iconographical motifs and symbolic geometric designs. Cups were frequently made in the shape of other objects, especially drums. This is part of a system of multivalent symbols that is at the heart of traditional Kuba life. This cup represents the type of drum shown in cat. no. 6, both in its general shape and in the carving of the nose that relates the cup to a human face.

For further information:
J. Cornet, *Art royal Kuba* (Milan, 1982).

54
Pendant
Kuba
Zaire
Wood, pigment
12.5 cm wide

Art Kuba, Crédit Communal de Belgique (Brussels, 1986), p. 16, fig. 39.

The elaborate ceremonial costumes worn by Kuba men and women include a variety of pendants and necklaces. This pendant has the form of the crescent moon, which is important in Kuba mythology, and it also recalls the crescent-shaped boxes that contain the red *takoola* powder used to embellish and bless ritual objects and the body itself. In this pendant, as in many other examples, the affective power of the object is expressed by the surreal addition of a human face. The result is an animation associated with interrelationships of humans and the world of nature in all its forms.

55
Cup
Suku
Zaire
Wood
9 × 12 cm

Arthur P. Bourgeois, *Art of the Yaka and Suku* (Meudon, 1984), p. 50, fig. 30.

Cups of this type (*kopa*) are reserved for the head of a lineage or other notables of high rank. Most are carved in the same double-mouthed form. This one is distinguished by the addition of a pair of bent legs, which animate it visually and symbolically.

56
Container
Teita
Kenya
Wood
12 cm

Containers of this type, with or without human references, were used to store medicines or herbal substances that aided communication with spiritual forces and the inducement of dreams. They are often associated with healers and diviners. The blocky, headless torso resting on short, stumpy legs is a visual pun also used by artists as far removed from Africa as the Belgian surrealist René Magritte. In this dual reading, the torso can also be seen as the head of the figure, with the breasts standing for eyes and the sex for the mouth.

57
Whistle
Mossi
Burkina Faso
Wood
21 cm

Although generally ascribed to the Mossi, whistles of this type have been observed in use by many ethnic groups in Burkina Faso. Many examples have phallic references, but this one is of a common type carved to resemble a very tall-necked human figure.

For further information:
C. Roy, *Art of the Upper Volta Rivers* (Paris, 1987).

58
Spoon
Dan
Ivory Coast
Wood
54 cm

Like many works of art in the collection, this spoon is a utilitarian object anthropomorphized to distinguish it from the ordinary. The addition of human legs gives it a surrealistic animation that also equates the handle with the human torso and the bowl of the spoon with the head.

Large, decorated spoons, known as *wankirmian*, are reserved for the use of women who have earned this right through their social activity. The spoon signifies the woman's generosity in sharing her food with the community. It is used during festivals at which guests are fed by these women of successful families. These "most generous women" (*wakende*) must offer hospitality to anyone, especially inviting travelers and visiting musicians to their home. The large *wankirmian* spoons are animated by spirit forces that help the women achieve prosperity and generosity.

For further information:
E. Fischer and H. Himmelheber, *The Arts of the Dan in West Africa* (Zurich, 1984).

59
Cup
Mbuun
Zaire
Wood
15 cm

Jacqueline Delange, *Arts et peuples de l'Afrique noire* (Paris, 1967), fig. 134.
Chefs-d'oeuvre inédits de l'Afrique noire (Paris, 1987), p. 256, fig. 245.

Like the Kuba cup (cat. no. 53), this example from the Mbuun was reserved for men of high social rank. The form of the cup and its intricately carved geometric patterns are typical of Mbuun decorative arts. The attachment of the cup to a fully described human figure is an unusual artistic gesture that startles the Western eye by its illogical associations of forms. However, in its own cultural context this conjunction of utilitarian object and human form would be understood as a reference to important social and ethical constructs.

60
Headrest
Beneki
Zaire
Wood
13 × 18 cm

The Beneki are an ethnic group associated with the Songye, who have similar societal and material culture systems. Like many groups in Zaire and large areas of Africa in general, the Beneki used these short wooden objects as pillows during sleep. The user lies on his or her side with the headrest supporting the head just below the ear. These headrests also served to protect the elaborate coiffures of both men and women. Headrests with figural references, such as this example with short, bent legs and large, broad feet, are often associated with diviners and carvers. In these instances, the headrest can function as a locus of power affecting the user in dreams and visions.

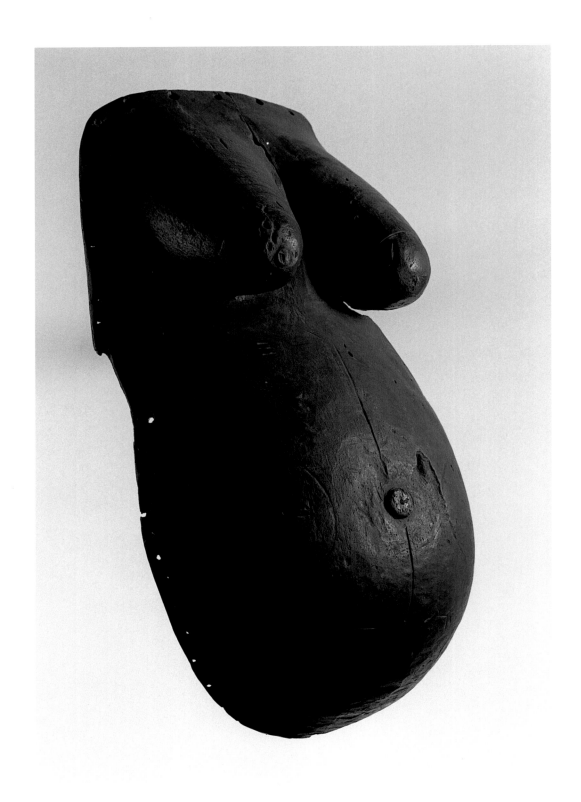

61
Dance Bust
Makonde
Tanzania
Wood, pigment
44 × 25 cm

Busts or "body masks" such as this are worn by male dancers as part of an elaborate costume representing a pregnant woman. The allusions are to themes of fecundity, birth, and continuation. The Yoruba people of Nigeria carve similar objects for use in the Gelede dances.

For further information:

A. J. Dias and M. Dias, *Os Mocondes de Moçambique*, vol. 3, *Vida social e ritual* (Lisbon, 1970).

62
Granary Shutter
Dogon
Mali
Wood, iron, pigment
40 × 45 cm

Granary shutters are used by the Dogon to protect access to their reserves of millet grain, which is their main staple. The large conical breasts are a commonly found symbolic motif that refers to the sustenance offered by the nursing mother and to the often conical shape of the granary itself, which, like the breast, offers sustenance to the people.

For further information:
J. Laude, *African Art of the Dogon* (New York, 1973).

63
Panel Mask
Komo
Zaire
Wood, pigment
50 × 28 cm

R. Lehuard, "La collection Mestach," *Arts d'Afrique Noire*, no. 4 (1972): 8.

François Neyt, *Arts traditionnels et histoire au Zaire* (Louvain, 1981), p. 37, fig. II.9.

Jacques Kerchache, Jean-Louis Paudrat, and Lucien Stéphan, *L'art africain* (Paris, 1988), p. 440, fig. 657.

This panel mask and the three masks that follow are examples of the use of the double face to suggest duality as a powerful and universal metaphor. Here, the upper mask symbolizes the male element and the lower mask the female. By extension, these forms are symbolic references to the elemental man and woman—the primordial couple—and to the social necessity to join opposites. The colors also carry vital significance: the red symbolizes life and the white is associated with death. These panel masks are hung by the door of the hut belonging to the spiritual leader of the community.

64
Mask
Bembe
Zaire
Wood, pigment
27 × 22 cm

François Neyt, *Arts traditionnels et histoire au Zaire* (Louvain, 1981), p. 309, fig. XV.6.

This four-eyed mask is said to represent the spiritual leader of the community. It signifies the wisdom and vision of this leader, who can see into the past and the future. The visual effect of the two sets of eyes is reinforced by the pattern of light and dark paint.

65
Mask
Lega
Zaire
Wood, pigment, fiber
30 × 27 cm

This Bwami society mask represents the mythical character Sacki-matwematwe, "the one who sees to the other side of the river." The ability to see beyond is expressed by the smaller mask that is attached to the chin of the larger.

66
Mask
Lombi
Zaire
Wood, pigment
34 × 17 cm

This four-eyed mask is attributed to the Lombi, an ethnic group in northern Zaire about whom little is known. The tall, oval head is asymmetrically divided by light and dark areas. The contrasting colors emphasize the principle of duality discussed in preceding examples that also have two sets of eyes. This Lombi mask differs from the others in its asymmetrical painting and the use of differently shaped holes for the eyes, one pair rounded and the other pair elongated, slanted ovals.

67
Bark Cloth (detail)
Mbuti
Zaire
Bark, pigment
51 × 79 cm

The Mbuti are a Pygmy people who live in the Itruri rain forest of northeastern Zaire. They manufacture a fine cloth from the inner bark of certain species of trees. Like the beaten tapa cloths of Oceania, the material is used for clothing. The serial design painted on this particular example strongly resembles pairs of eyes, mysteriously staring out of the darkness of the forest, or perhaps celestial bodies shining in the night sky.

68
Mask

Dogon
Mali
Wood, iron, fiber
1 m

Dogon masks are used in funerary ceremonies of the Awa masking society that involve scores of masked dancers representing different characters and animals of Dogon mythology. The female figure surmounting the mask represents Yasigine, the only woman portrayed in the Awa. The Dogon call this type of mask *satimbe*, meaning "sister of the head." It has many references to women who demonstrate traits of spirit possession. In the mask's carefully defined formal structure, the sculptor has made a clearly understood synthesis of the abstracted elements of the body. This is an example of the artist achieving maximum effect with minimum means.

For further information:

C. Roy, *Art and Life in Africa: Selections from the Stanley Collection*, University of Iowa Museum of Art (Iowa City, 1985), p. 35.

69
Doll
Kuba
Zaire
Wood
26.5 cm

Art Kuba, Crédit Communal de Belgique (Brussels, 1986), p. 9, fig. 38.

Among the Kuba, the function of the sculptor was, in principle, a responsibility that could be passed on from one generation to the next. Dolls of this sort were carved by sculptors for their young sons who were being groomed for succession at an early age. The abstracted head and coiffure line—essential Kuba style conventions—served as a model for the young student.

70
Figure
Zaramo
Tanzania
Wood
14.5 cm

The Zaramo call highly stylized abstract figures such as this *mwana hiti*. As symbols of the progenitors of an ancestral lineage, they are associated with a wide variety of objects from staffs to thrones. In some instances, *mwana hiti* figures are used in female initiation societies, where they have many positive associations of power, including that of procreation.

For further information:

M. L. Felix, *Mwana Hiti: Life and Art of the Matrilineal Bantu of Tanzania* (Munich, 1990).

71
Figure
Zande
Zaire
Wood, iron, copper, glass beads, cowrie shell
20 cm

François Neyt, *Arts traditionnels et histoire au Zaire* (Louvain, 1981), p. 68, fig. IV.6.
William Rubin, ed., *"Primitivism" in 20th Century Art*, Museum of Modern Art (New York, 1984), p. 173.

Highly schematic figures called *yanda* are associated with the Mani society, which is known for its involvement with the forces of magic and sorcery. The figure's charge of magic power was placed in the navel and covered with a cowrie shell, a reference to wealth and the power of the female sex. *Yanda* figures play an active role in Zande society and are considered to be alive with a spiritual presence. In keeping with this human association, they are adorned with typical Zande jewelry, including earrings, necklaces, and bracelets. Those who care for *yanda* treat them as living beings. They are not only addressed, but also, like comparable figures in other cultures, ritually fed to nourish the motivating spirit. Aesthetically, this figure's abstraction demonstrates a precise and logical understanding of the relationship between its geometric shapes.

For further information:

H. Burssens, Yanda-beelden en Mani-sekte bij de Azande," *Annales du Musée Royal de l'Afrique Centrale* 4, no. 4 (1962).

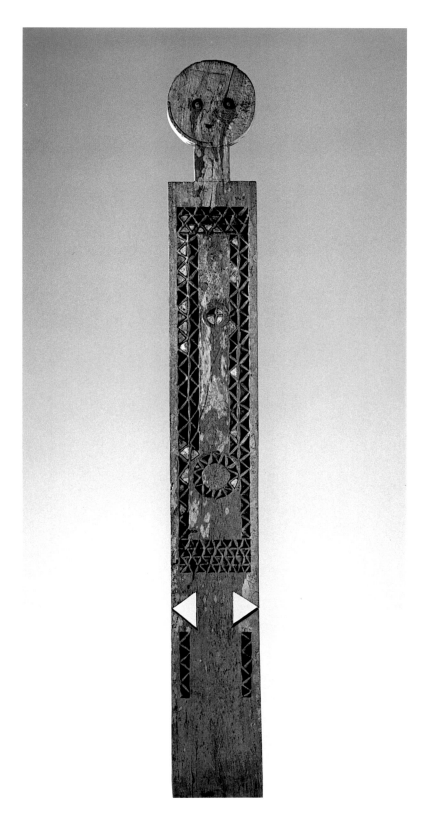

72
Memorial Post
Mijikenda
Kenya
Wood
1.92 m

73
Memorial Post
Mijikenda
Kenya
Wood
1.60 m

The Mijikenda are a large ethnic group with nine main subdivisions. The Giriama, the largest of these, produced most of the memorial posts studied by Western scholars. All of the groups carve these concisely geometric human abstractions called *vigango*, which are memorial posts erected for the care of the deceased's spirit. By extension, the triangular patterns carved into the post have many references to the importance of the number three in cultural structures and ceremonies.

For further information:

Ernie Wolfe III, *Vigango: Commemorative Sculpture of the Mijikenda of Kenya*, Williams College Museum of Art (Williamstown, Mass., 1986),

74
Figure of a Head
Vitu Islands
New Britain
Wood, pigments, fiber
59 cm

This sophisticatedly simple form represents a human head. Anatomical structure and detail have been reduced to an elongated cone for the head and a thin triangular section for the nose. The groove cut into the bottom of the nose indicates the mouth, with small black lines carved around the edges to symbolize teeth. The anthropomorphic allusion is completed by the fiber ball that recalls the large, bushy coiffures worn by the men and women of these island communities.

75
Club (detail)
Solomon Islands
Wood, pigment
90 cm

Long, heavy wooden clubs were a common weapon in traditional cultures throughout Oceania. Like many such clubs, this one from the Solomon Islands was used in ceremonies and dance, as well as in personal combat. The sculptor has anthropomorphized it by carving a human face into the top.

76
Dance Paddle
Easter Island
Wood
69 cm
Ex-collection Sir Jacob Epstein

E. Bassani and M. D. McLeod, *Jacob Epstein, Collector*, Associazione Poro (Milan, 1989), p. 48, fig. 62, cat. no. 589, p. 154.

William Rubin, ed., *"Primitivism" in 20th Century Art*, Museum of Modern Art (New York, 1984), p. 202.

Easter Island is the westernmost extension of the Polynesia cultural complex. This object is carved in the form of a canoe paddle, attesting to the vital role of sea travel and fishing in these island cultures. It is made of toromiro, a wood that disappeared from Easter Island in the early nineteenth century. The artist created a haunting human reference by extending the structural midline of the paddle's blade up through the handle and onto the upper sections, where it splits into the delicate forms of a thin nose and arching eyebrows.

77
Mask
Kwele
Gabon
Wood, pigment
35 × 26 cm

L. Perrois, *Arts du Gabon* (Arnouville, 1979), p. 281, fig. 301.

L. Plisnier and Ch. Haubrechts, "Un cheval pour un royaume," *Elle*, no. 1456 (November 14, 1973).

Actualité des Arts, no. 3 (November 1973), cover.

Helmet masks such as this Kwele example cover the entire head of the dancer. They are fitted with a long collar of raffia that covers the juncture between the mask and the rest of the dancer's costume. This mask, a metaphor for spiritual vision, has four symbolic faces, in opposing pairs. One pair features large round eyes with crescent pupils and a nose. The other has a more complete image of a full white face with nose, arching eyebrows, crescent eyes, and a crescent-shaped mouth. This mask is a visual metaphor for omniscience—the ability to see in all directions through space and time. It also evokes the powerful concept of unity in multiplicity.

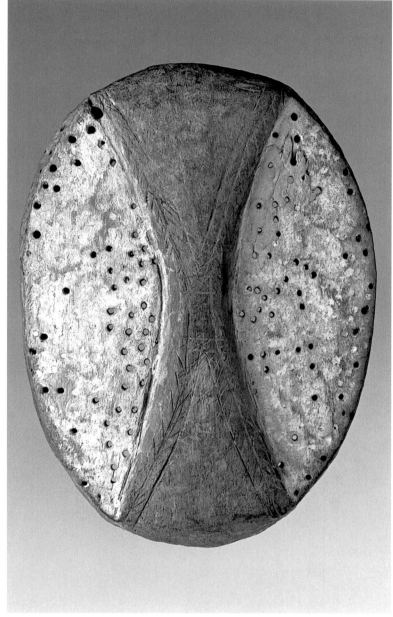

78
Figure
Boyo
Zaire
Wood, pigment
39 × 20 cm

R. Lehuard, "La collection Mestach," *Arts d'Afrique Noire*, no. 4 (1972).

This figure is referred to as Alunga, a mythical character related to the Kalunga of the Bembe (see cat. no. 40). It serves as a general representation of ancestral spirits and is used in rites that honor them. The stylized head of this abstract figure is supported by a circular torso and two sturdy, round legs. By carefully controlling the proportional relationship of these parts, the sculptor was able to create an effect of greatly compressed power.

For further information:
D. Biebuyck, *Statuary from the Pre-Bembe Hunters*, Royal Museum of Central Africa (Tervuren, 1981).

79
Mask
Mbole
Zaire
Wood, pigment
23 cm

François Neyt, *Arts traditionnels et histoire au Zaire* (Louvain, 1981), p. 28, fig. II.3.

This mask is associated with the Lilwa secret society of the Mbole. The regulations of the society are strictly enforced, as shown by the frequent portrayal of a hanged figure as a warning to would-be transgressors (see cat. no. 84). Though many secret societies are restricted to men, women play an important role in the activities of Lilwa. This mask is extraordinarily abstracted, even in African art terms. The face is reduced to the central hourglass form, which refers to both nose and mouth, and the remaining white background, which stands for the eyes. The small holes drilled in the white area provide the limited vision needed by the dancer.

80
Coffin
Ngata
Zaire
Wood, pigment, iron, fiber
2.55 m

C. Coquilhat, *Sur le haut Congo* (Brussels, 1888).

Michel Leiris and Jacqueline Delange, *Afrique noire—La création plastique* (Paris, 1967), p. 357, fig. 418.

Meubles et décors, Editions Benelux, November 1970.

K. F. Schadler, *Afrikanische Kunst* (Munich, 1975), p. 246, fig. 361.

Actualité des Arts, no. 3 (November 1973), cover.

François Neyt, *Arts traditionnels et histoire au Zaire* (Louvain, 1981), p. 25, fig. I.5.

Elaborately carved and painted coffins (*bongange-nganga*) are used by the Ngata to hold the exhumed bones of a person of high rank. The figure-shaped coffin is carved realistically, with close attention to fine details of anatomy. The crescent-shaped ritual sword held in the left hand is a sign of rank and office similar to the Bembe wooden knife discussed previously (cat. no. 41). The painted patterns applied to the surface represent forms of personal adornment, including body paint, scarification, and textiles. By function, the coffin is related to the proportions of a human body, but this very long and narrow shape may also recall the dugout canoe. These coffins were often consigned to the river for final disposition of the remains of the dead. As in ancient Egypt and other cultures throughout the world, these sarcophagi were commissioned by important persons during their lifetime.

81
Figure
Lengola
Zaire
Wood, pigment
1.94 m

François Neyt, *Arts traditionnels et histoire au Zaire* (Louvain, 1981), p. 42, fig. II.12.

Marie-Louise Bastin, *Introduction aux arts d'Afrique noire* (Arnouville, 1984), p. 369, fig. 395.

Jacques Kerchache, Jean-Louis Paudrat, and Lucien Stéphan, *L'art africain* (Paris, 1988), p. 440, fig. 660.

This figure (*ubanga nyama*) represents Sunway, the divine creator of Lengola mythology. It is among the few representations of divinity in African art. Its imposing presence and bold stance with raised arms conveys both active power and benediction.

For further information:

D. Biebuyck, "Sculpture from the Eastern Zaire Forest Regions: Lengola, Metoko, and Komo," *African Arts* 10, no. 2 (1977): 52–58.

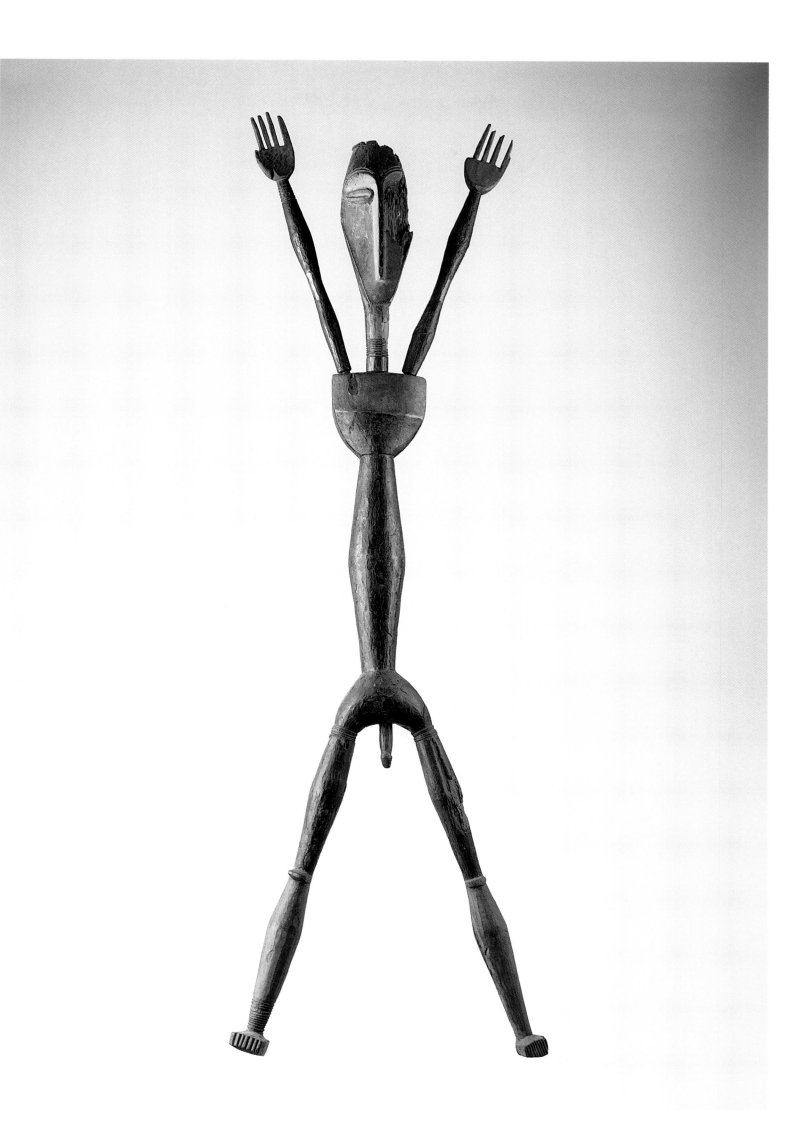

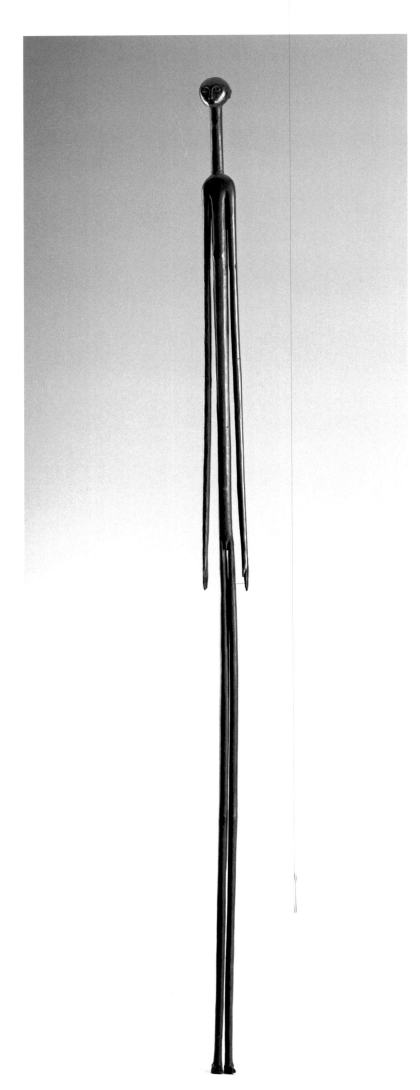

82
Staff

Nyamwezi
Tanzania
Wood
1.49 m

Connaissance des Arts, no. 391 (September 1984), p. 89.

William Rubin, ed., *"Primitivism" in 20th Century Art*, Museum of Modern Art (New York, 1984), p. 65.

J. Barron, "Primitive Urges," *Monthly Detroit*, March 1985, p. 71.

Artforum (New York), November 1984, p. 57.

Jacques Kerchache, Jean-Louis Paudrat, and Lucien Stéphan, *L'art africain* (Paris, 1988), p. 468, figs. 807, 808.

Ezio Bassani, *La grande scultura dell'Africa nera*, Forte di Belvedere (Florence, 1989), fig. 145.

This extraordinary staff in the form of a hyperelongated male figure was an object of great prestige belonging to a paramount leader of the community. Religious and secular leaders throughout history have carried staffs or batons as signs of office and power. In Africa and elsewhere such staffs are often surmounted by a representation or symbol of a human figure or head, but this rare example presents an entire figure the full length of the staff. The sculptor showed great creativity in achieving this singular conception of human expression.

For further information:

F. Bosch, *Les Banyamwezi: Peuple de l'Afrique orientale* (Münster, 1930).

83
Figure
Fang
Gabon
Wood
65 cm
Ex-collection Paul Guillaume

L. Perrois, "La statuaire des Fang du Gabon," *Art d'Afrique Noire*, no. 7 (Autumn 1973): 39.
L. Perrois, *Arts du Gabon* (Arnouville, 1979), p. 71, fig. 49.

Human figures of this type were carved by the Fang as part of reliquaries to hold bones of important ancestors. The rounded musculature of the arms and legs follow Fang stylistic conventions, as does the symmetrical, heart-shaped face. The dark, glistening surface results from the ritual application of palm-nut oil.

84
Figure
Mbole
Zaire
Wood, pigment
72 cm

François Neyt, *Arts traditionnels et histoire au Zaire* (Louvain, 1981), p. 34, fig. II.6.

This type of figure (*ofika*) is made for the Lilwa secret society and represents an errant member who has been executed by hanging. The figure is a beautifully conceived but grim reminder of the strictly held codes of behavior enforced by the society. The sculptural conception emphasizes the downward look and drooping limbs of the miscreant.

For further information:

D. Biebuyck, "Sculpture from the Eastern Zaire Forest Regions: Mbole, Yela, and Pere," *African Arts* 10, no. 1 (1976): 54–61.
D. Biebuyck, *The Arts of Zaire*, vols. 1, 2 (Los Angeles, 1985, 1986).

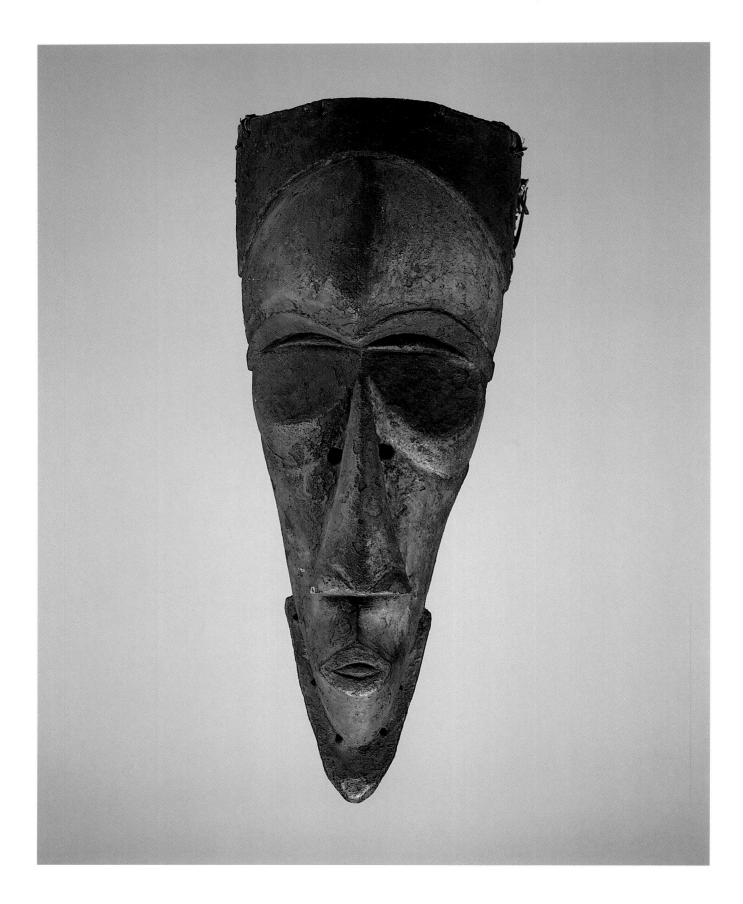

85
Mask

Ngeende
Zaire
Wood, fiber
63 cm

François Neyt, *Arts traditionnels et histoire au Zaire* (Louvain, 1981), p. 183, fig. VIII.25.

William Rubin, ed., *"Primitivism" in 20th Century Art*, Museum of Modern Art (New York, 1984), p. 451.

"Utotombo": L'art d'Afrique noire dans les collections privées belges, Palais des Beaux-Arts (Brussels, 1988), p. 225, fig. 207.

The Ngeende are an ethnic group associated with the Kuba. This mask is called Nyibita and is one of a group used during dances at ceremonies recounting the mythical ancestors of the royal lineage. The elongated form characterizes this type of mask, which is often associated with leadership of the king's army.

For further information:

J. Vansina, *The Children of Woot: A History of the Kuba Peoples* (Madison, Wis., 1978).

86
Mask
Fang
Gabon
Wood, pigment
60 cm

R. Lehuard, "La collection Mestach," *Arts d'Afrique Noire*, no. 4 (1972): 4.

L. Perrois, *Arts du Gabon* (Arnouville, 1979), p. 101, fig. 98.

L. Plisnier and Ch. Haubrechts, "Un cheval pour un royaume, *Elle*, no. 1456 (November 1973), p. 58.

The Fang make elegantly shaped long white masks with a heart-shaped design of eyebrows and nose that gracefully articulates the face. This mask is referred to as *ngil* (gorilla), and is used in ceremonies of the political-judicial society of the same name. These elongated masks are associated with the chief judge of the society.

87
Mask
Bamana
Mali
Wood
60 cm

R. Lehuard, "La collection Mestach," *Arts d'Afrique Noire*, no. 4 (1972): 7.

This elongated mask is composed of a domed forehead; a long, pointed, oval face; and a prominent, highly abstracted nose that is half the length of the entire head. The mask is one of many types from a diverse series used in age-graded male initiatory societies.

For further information:

D. Zahan, *Sociétés d'initiation Bambara: Le N'Domo, le Koré* (Paris and The Hague, 1960).

88
Mask
Hemba
Zaire
Wood
34 × 26 cm

François Neyt, *Arts traditionnels et histoire au Zaire* (Louvain, 1981), p. 285, fig. XIV.20.

The Hemba ethnic group is closely related to the Eastern Luba. The Hemba are known for a sculptural tradition that features large,

impressive figures of male ancestors. This is a rare and fine example of the Hemba anthropomorphic face mask representing Niembo, the great ancestor who led the Hemba on their migrations to their present territory in the sixteenth or seventeenth century. The heart-shaped oval face is articulated by the typical Zairian-Gabonese convention of the curving eyebrows arching together to form the line of the nose.

For further information:

François Neyt, *La grande statuaire Hemba du Zaire* (Louvain-la-Neuve, 1977).

89
Mask
Kwese
Zaire
Wood, pigment, iron, copper
26 × 27 cm

Le masque (Antwerp, 1956), fig. 214.

R. Lehuard, "La collection Mestach," *Arts d'Afrique Noire*, no. 4 (1972):8.

François Neyt, *Arts traditionnels et histoire au Zaire* (Louvain, 1981), p. 144, fig. VII.10.

"Utotombo": L'art d'Afrique noire dans les collections privées belges, Palais des Beaux-Arts (Brussels, 1988), p. 216, fig. 186.

Ezio Bassani, *La grande scultura dell'Africa nera*, Forte di Belvedere (Florence, 1989), p. 259, fig. 102.

The Kwese carve heart-shaped masks, a form they also use for the faces of their statues. In this example, the sculptor has enhanced the conventional form by using white pigment to contrast the concave and convex planes.

90
Whistle
Nouna
Burkina Faso
Wood, fiber
30 cm

Whistles like this belong to community leaders and are used to announce special events. The elegant geometric proportions of the instrument describe a standing figure with triangular head whose long, bent arms rest on what would correspond to the hips.

For further information:

C. Roy, *Art of the Upper Volta Rivers* (Paris, 1987).

91
Figure

Kota
Gabon
Wood, copper, iron
42 × 15 cm

A. and Fr. Chaffin, *L'art Kota: Les figures de reliquaire* (Meudon, 1979), pp. 106, 107, fig. 28.

L. Perrois, *Arts du Gabon* (Arnouville, 1979).

Like the Fang (cat. no. 83), the Kota honor the memory and spirit of important tribal members by placing their bones in reliquaries presided over by figural sculptures. The Kota created many styles for these figures, which are carved out of wood and then covered with sheets of copper. The style of this one comes from the southern Kota, who refer to the figures as *mbulu*.

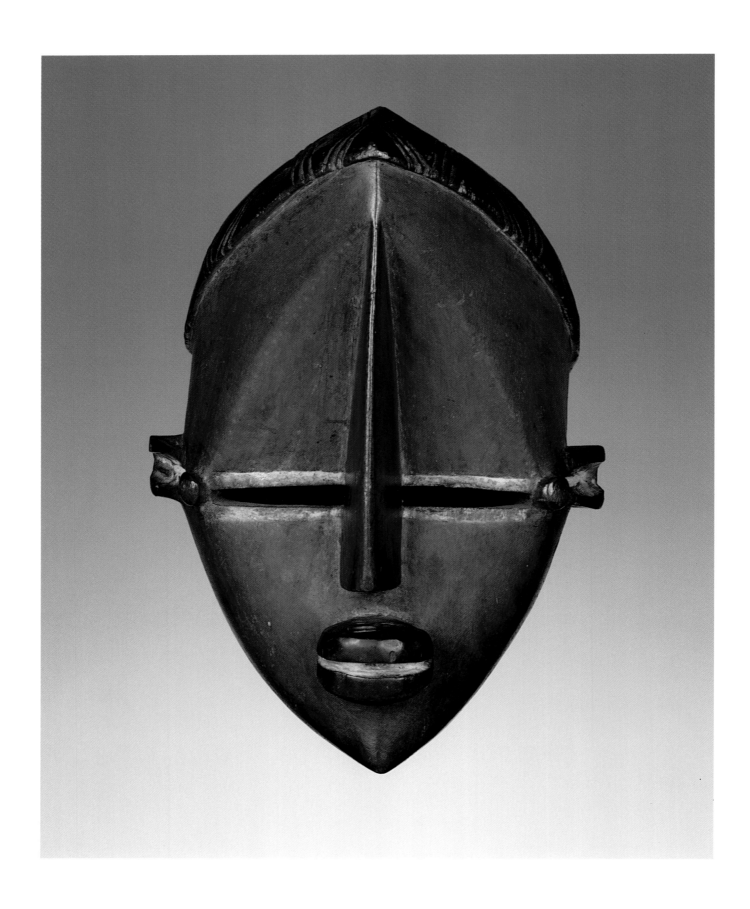

92
Mask
Lwalwa
Zaire
Wood, pigment
32 × 20 cm

R. Lehuard, "La collection Mestach," *Arts d'Afrique Noire*, no. 4 (1972):6.

P. Timmermans, *Les Lwalwa* (Tervuren, 1967), p. 87, fig. 17A.

Chefs-d'oeuvre inédits de l'Afrique noire (Paris, 1987), p. 178, fig. 146.

This Lwalwa *mvondo* mask is one of four types used in the Ngongo society, which is responsible for the circumcision and initiation of young men. Like most masks of the Lwalwa, it has a diamond-shaped face symmetrically divided by the vertical ridgelike nose and the horizonatal slits of the eyes. The small knobs at the ends of the eyes represent facial scarifications that have aesthetic as well as social functions.

93
Mask

Eastern Pende
Zaire
Wood, pigment
20 × 30 cm

R. Lehuard, "La collection Mestach," *Arts d'Afrique Noire*, no. 4 (1972): 11.
L. de Sousberghe, *L'art Pende* (Brussels, 1958).

This is a small replica of a mask that serves as an emblem of a community leader, who displays it on the wall of his hut or the lintel of his doorway. The type of horizontal lozenge-shaped mask that it refers to is called *panya-ngombe* (the bull) and is used in rites of the initiation societies.

94
Mask
Luba
Zaire
Wood, pigment
22 × 30 cm

The Luba carve a variety of masks based on human images, but this unusual example, marked by a trapezoidal face and horizontal black-and-white striations, represents a monkey. The simian characteristics of narrow eyes and full cheeks are animated by the mouth, which is shown pursed, ready to make the loud cries typical of monkeys. The pattern of thin lines visually activates the surface, as with other masks of the Luba and Songye.

95
Mask
Yela
Zaire
Wood, pigment
25 cm

William Rubin, ed., *"Primitivism" in 20th Century Art*, Museum of Modern Art (New York, 1984), p. 270.

"Den globale dialog primitiv og moderne kunst," *Louisiana Revy* 26, no. 3 (May 1986), cover, cat. no. 161.

Yela culture has many similarities to the Mbole, including a version of the Lilwa society. Circular masks like this one belong to an associated group known as Ekanga. The diagonal lines under the eyes may represent scarification designs, which were a traditional means of demonstrating lineage and society association. They are pierced, providing vision for the dancers.

For further information:

D. Biebuyck, "Sculpture from the Eastern Zaire Forest Regions: Mbole, Yela, and Pere," *African Arts* 10, no. 1 (1976).

96
Figure
Jonga
Zaire
Wood, pigment
52 cm

François Neyt, *Arts traditionnels et histoire au Zaire* (Louvain, 1981), p. 41, fig. II.11.

This is one of the rare Jonga figures kept at shrines to honor ancestors. It is composed of rounded forms, planes, and facets that are emphasized by the use of white, black, and red pigments. While color is significant visually and aesthetically, it functions principally as a signifier of basic cultural values and the elemental forces of life and death.

For further information:

L. de Heusch, *Vie quotidienne des Mongo du Kasai* (Brussels, 1956).

97
Mask
Kwele
Gabon
Wood, pigment
15 × 25 cm

B. C. Lekack, "Les Bakouélé: Habitat, moeurs, et coutumes," *Liaison* (Brazzaville), 1953, no. 34:31–34.

The dominant, curved lines of the eyebrows on this Kwele mask are repeated in the large horns that curve gracefully to either side of the face. Like many other African cultures, the Kwele carve masks that are displayed as important emblems of rank and office or serve as objects of power for masking societies but have no eye holes and cannot be worn.

98
Mask
Itsekiri
Nigeria
Wood, pigment
33 cm

The Itsekiri are a minority ethnic group living in a country dominated by more numerous and powerful political forces such as the Yoruba and the Ibo. This very flat mask depends on line and color rather than three-dimensional form for its major elements of design.

99
Mask
Boa
Zaire
Wood, pigment
25 × 22 cm

William Rubin, ed., *"Primitivism" in 20th Century Art*, Museum of Modern Art (New York, 1984), p. 297.

Marie-Louise Bastin, *Introduction aux arts d'Afrique noire* (Arnouville, 1984), p. 370, fig. 397.

"Den globale dialog primitiv og moderne kunst," *Louisiana Revy* 26, no. 3 (May 1986), cover, cat. no. 160.

"Utotombo": L'art d'Afrique noire dans les collections privées belges, Palais des Beaux-Arts (Brussels, 1988), p. 247, fig. 255.

The strongly carved geometric surface of this mask is reinforced by the black and white contrasting planes. The white is a mineral pigment; the black is produced by burning the surface with a heated metal tool. The Boa are a northern Zairian group influenced by the Mangbetu and the Zande.

100
Mask
Kwele
Gabon
Wood, pigment
25.5 cm

Arts d'Afrique Noire, no. 52 (Winter 1984):53.

Chefs-d'oeuvre inédits de l'Afrique noire (Paris, 1987), p. 174, fig. 140.

"Utotombo": L'art d'Afrique noire dans les collections privées belges, Palais des Beaux-Arts (Brussels, 1988), p. 201, fig. 156.

This unusual Kwele mask represents *gon*, the adult male gorilla. The master sculptor who created it showed great skill in controlling concave and convex planes and geometric volumes. The resulting form stresses the dominant brow and powerful jaw of this largest of the great apes.

101
Mask
Ngbaka
Zaire
Wood
36.5 cm

R. Lehuard, "La collection Mestach," *Arts d'Afrique Noire*, no. 4 (1977): 5.

François Neyt, *Arts traditionnels et histoire au Zaire* (Louvain, 1981), fig. 1, p. 20.

The Ngbaka are an agrarian people living in the northwest corner of Zaire. They use a variety of anthropomorphic face masks in initiation rites, funerals, and rituals of social control that counter the powers of witchcraft. The sculptor who carved this mask successfully balanced the convex form of the head and the contrasting concave plane of the face. The heart-shaped design is formed by the curved line that defines the sunken plane of the face, from the mouth, around the cheeks, and then around the arched eyebrows to the long, thin nose.

102
Bas-relief
Egypt
Stone
18 × 17 cm

The hand is a universal symbol found in cultures throughout the world. The hand was the first tool, the handprint the first signature. Aristotle even wrote that "man thinks because he has a hand." This ancient sculpture dates from the New Kingdom of the pharaohs, about 1500 B.C. The hand symbol can be found throughout Africa, from Egypt through the equatorial forests to the plains of the south.

103
Hand
Toradja
Celebes Islands
Indonesia
Wood
47 cm

This wooden hand was used to carry food to the mouth of the deceased in the elaborate funerary rites practiced by the Toradja and other Indonesian cultures.

104
Textile Panel
Ngeende
Zaire
Fiber
57 × 48 cm

Jacques Kerchache, Jean-Louis Paudrat, and Lucien Stéphan, *L'art africain* (Paris, 1988), p. 579, fig. 1027.

Textile panels of this type are produced by many of the ethnic groups associated with the Kuba of the Kasai area of Zaire. The supporting panel of grass cloth is woven by men, and then the designs are embroidered by women using a variant of the cut-pile technique. The finely articulated designs follow conventional patterns but allow for individual creativity. The use of the hand in this textile is a reference to royalty frequently found on other Kuba objects such as drums and cups.

For further information:

G. Meurant, *Shoowa Design: African Textiles from the Kingdom of Kuba* (London, 1986).

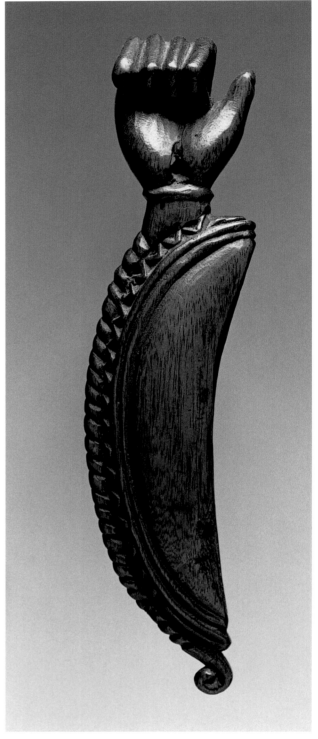

105
Hand
Kuba
Zaire
Fiber, glass beads, cowrie shells
12 × 12 cm

Kuba kings, members of the royal lineage, and others of high social rank have elaborate costumes which they wear at a variety of ceremonial events. This hand embroidered with glass beads and shells is a symbol of royal power and was either worn on a necklace or belt or attached to the costume itself.

For further information:

J. Cornet, *Art royal Kuba* (Milan, 1982).

106
Gong
Vili
Zaire
Wood
17 cm

This small wooden gong of the Lemba society is carved in the form of a crescent moon with a closed fist forming its handle. The fist is a sign of power frequently found in the arts of the Kongo people and groups associated with them.

For further information:

J. Vansina, *The Tio Kingdom of the Middle Congo, 1880–1892* (London, 1973).

107
Mask
Bali
Zaire
Wood, pigment
37 × 25 cm

The Bali of northern Zaire have close contact with Pygmy groups from the forests. This mask combines the wooden mask style of the Bantu peoples with painted motifs that are related to the Pygmy tradition. It is covered with tiny painted hands scattered starlike across the two-toned surface of the face. Such masks are often used in the ceremonies of initiation societies. The vertically divided surface reflects the basic division between the uninitiated and those admitted to the secrets, power, and responsibilities of the society.

For further information:

H. Van Geluwe, *Les Bali et les peuplades apparentées* (Tervuren, 1960).

108
Mask

Nande
Zaire
Wood, pigment
28 cm

The Nande live in the dense equatorial forests of northeastern Zaire, where hunting and fishing are the primary means of livelihood. They have their own versions of the circumcision-initiation, divination, and healing societies found throughout northeastern Zaire. The masks are roughly carved, elemental forms that usually appear in pairs representing the balance of natural forces.

The visual power of this mask, like that of so many similar examples from other ethnic groups in the region, derives from the rough-hewn directness of its carving and its painted decoration. There is nothing refined about these sculptures; they seem to be responses arising directly from archetypes that express the immediacy of fear, power, and the control of forces that affect people's lives.

For further information:

M. L. Félix, *One Hundred Peoples of Zaire and Their Sculpture: The Handbook* (Brussels, 1987).

J. Gerard, "La grande initiation chez les Bakumu du nord-est et les populations avoisinantes," *Zaire* (Tervuren) 10 (January 1956).

109
Mask

Songye
Zaire
Wood, pigment
75 × 42 cm

The Bwadi Ka Bifwebe society was the largest user of masks in Songye culture. Hundreds of masks have been produced over many generations, creating a large body of sculptural forms that follow a generally accepted set of stylistic conventions. While Songye masks are known for their expressiveness, this example takes the conventions of representation beyond normal limits. It is the creation of an unusual master carver who died in 1970 but whose students carry on his forceful style.

For further information:

J. W. Mestach, *Songye Studies: Form and Symbolism, an Analytical Study*, Galerie Jahn (Munich, 1985).

D. Hersak, *Songye Masks and Figure Sculpture* (London, 1986).

110
Figure
Bwa
Burkina Faso
Wood
85 cm

This unusual sculpture is an infrequently encountered representation of a forest spirit personified by a dancer covered completely
in a costume of leaves and feathers. The armorlike plates covering
the figure stand for the heavy layers of leaves that encase the dancer,
and the cylindrical crested head represents the mask. This unique
sculptural conception reflects a bold and gifted artistic vision.

For further information:

C. Roy, *Art of the Upper Volta Rivers* (Paris, 1987).

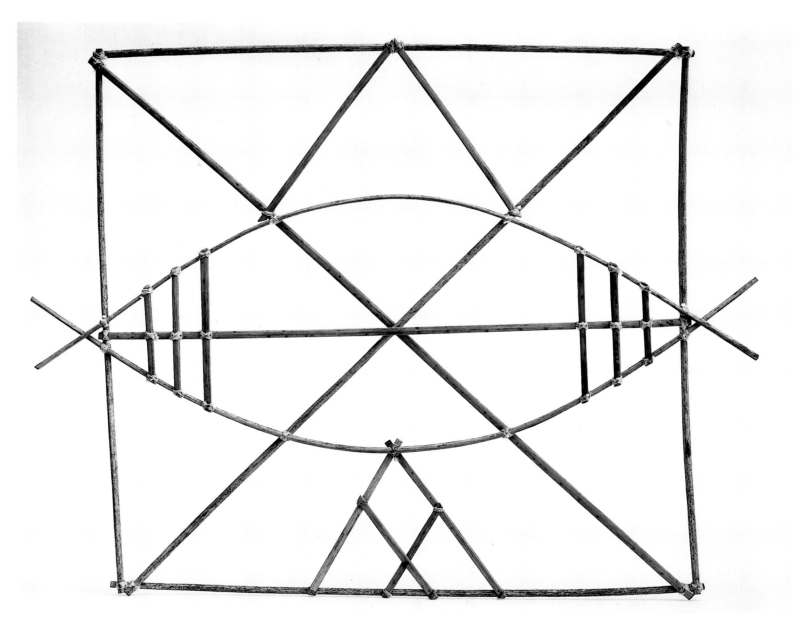

Stick navigation chart, Marshall Islands

At the end of this work, I feel as if I am a "time traveler" come to an ancient world that is no longer what it was and is not yet what it might become. Here, as an ending, is a chart of one of the forgotten voyages of the collective memory.

J. W. M.

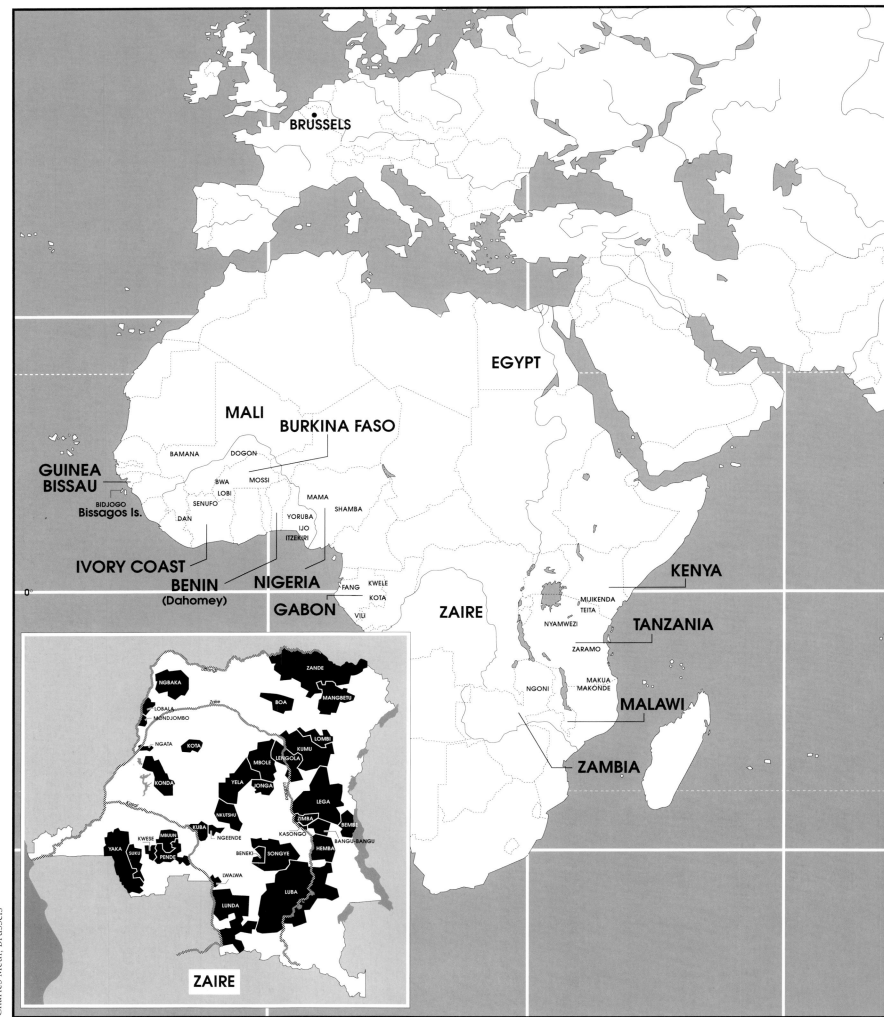

BRUSSELS

EGYPT

MALI

BURKINA FASO

BAMANA DOGON

GUINEA
BISSAU

BWA MOSSI

LOBI MAMA

BIDJOGO SENUFO SHAMBA

Bissagos Is.

DAN YORUBA
IJO
ITZEKIRI

IVORY COAST KENYA

BENIN NIGERIA FANG KWELE

(Dahomey) KOTA MIJIKENDA
TEITA

GABON VILI ZAIRE TANZANIA

NYAMWEZI

ZARAMO

NGONI MAKUA
MAKONDE

MALAWI

ZAMBIA

ZANDE

NGBAKA
BOA MANGBETU

LOBALA
MONDJOMBO

NGATA LOMBI
KOTA KUMU
MBOLE LENGOLA
KONDA YELA JONGA
LEGA
NKUTSHU
ZIMBA
KUBA BEMBE
KWESE NGEENDE KASONGO BANGU-BANGU
YAKA MBUUN BENEKI HEMBA
SUKU PENDE SONGYE
LWALWA

LUBA

LUNDA

ZAIRE

Charles Meur, Brussels

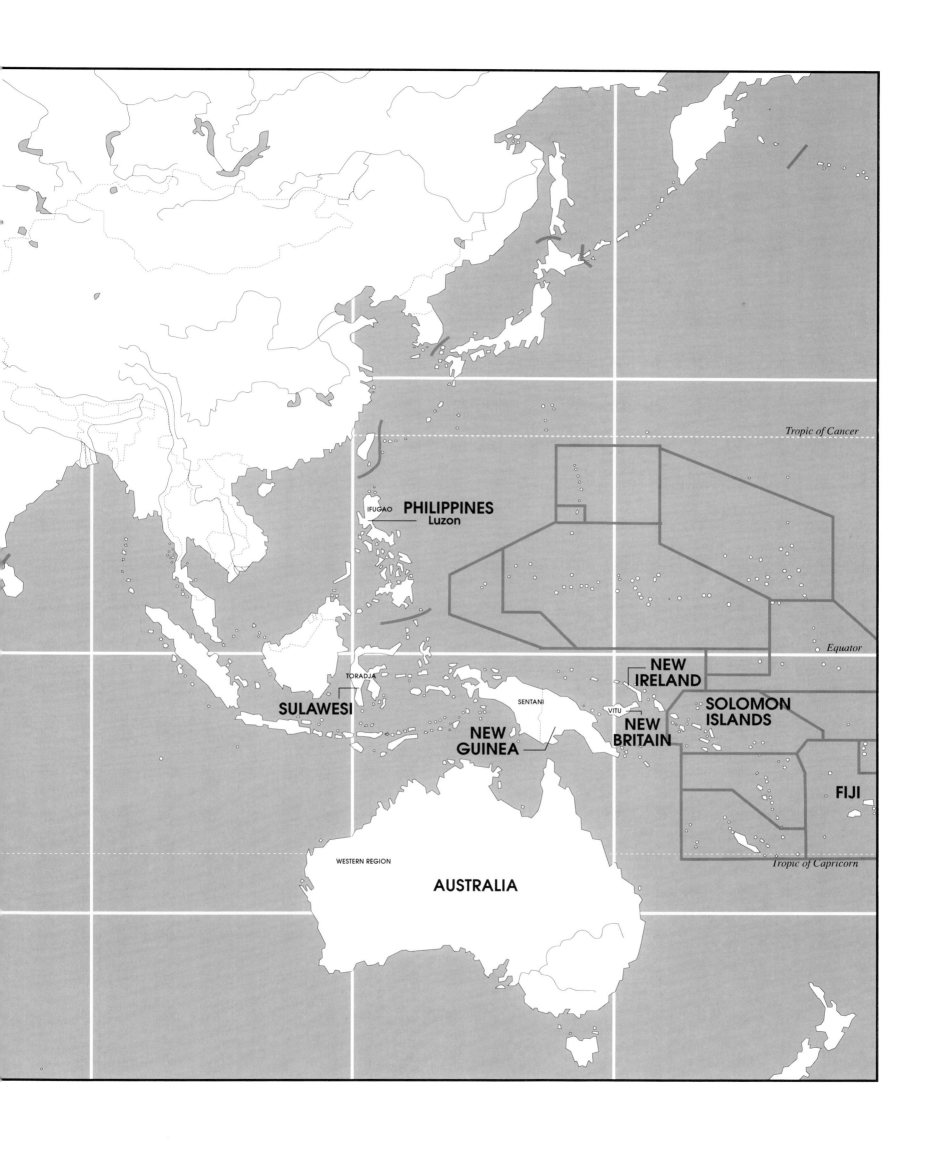

PHILIPPINES
IFUGAO
Luzon

Tropic of Cancer

Equator

NEW
IRELAND

SOLOMON
ISLANDS

TORADJA

SENTANI

VITU

SULAWESI

NEW
GUINEA

NEW
BRITAIN

FIJI

WESTERN REGION

Tropic of Capricorn

AUSTRALIA

D'Afrique et d'Ailleurs

Les Trajets Oubliés de la Mémoire Collective

Jean Willy Mestach

PREAMBULE

Le Préambule est, par définition, l'invitation au Parcours, celui d'un ouvrage proposé, dont l'Orientation et la Destination sont établies ici suivant un *Itinéraire de lecture* qui concentre et le Temps et l'Espace dans ces *«Tracés»* de l'Esprit où naissent les Concepts.

On peut ainsi cheminer, comme par les demeures du jeu de l'Oie,[1] dans le Labyrinthe d'un continuel retour aux sources par les *«Trajets oubliés de la mémoire collective»* avec l'*Afrique* comme fil conducteur, fil d'Ariane de ce *«Voyage à reculons»*.

L'Introduction, *«Situation liminaire»*, dont les constats forcent l'auteur à prendre position, est établie ici comme un *«Etat des Lieux»*, comme une prise de Conscience. Elle comprendra trois parties: la *«Parabole»*, le *«Témoignage»* et la *«Quête»*.

«Variations sur un Thème»

Les autres étapes de ce *«Pèlerinage aux Sources»* sont illustrées par les Objets d'un *Ensemble* cohérent qu'on appelle collection, où peuvent s'accorder et le Coeur et l'Esprit. Aboutissement de recherches sélectives, sacrifiant les parenthèses pour multiplier les traits d'union.

Quant à son Orientation, dans le domaine des Arts comme dans celui des Lettres, tout ouvrage porte l'empreinte de celui qui le compose.

«Il n'y a pas de réalité objective»

La personnalité d'un auteur transparaît tout aussi bien dans le Traitement de son Sujet que dans son Choix systématique. Comme le dit très justement Georges Rouault: *«Si subjectif est parfois borgne, objectif n'est-il pas aveugle?»*

Mais quel que soit le choix des Trajets ou la manière de «Voyager dans l'espace et dans le temps,» de l'avant-hier à l'après-demain, nous nous posons tous les mêmes questions qui furent celles de Gauguin à Tahiti: *«Qui sommes nous, d'où venons nous, où allons nous?»*

Comment l'Homme fondamental, qu'il soit *d'Afrique ou d'ailleurs*, a-t-il répondu par son Oeuvre à ces questions essentielles, c'est le Thème sous-jacent qui transparaît dans les différents sujets traités.

SITUATION LIMINAIRE

La Parabole

«Et il me répéta alors, tout doucement comme une chose très sérieuse: —S'il vous plaît…, dessine-moi un mouton…»
Le Petit Prince
Antoine de Saint Exupéry

Il était une fois…

Toute fable qu'on retrace devrait commencer par: «Il était une fois,» comme au temps des Veillées, quand, groupés le soir autour de feu de bois, on écoutait l'Aïeul.

…Un de ces conteurs publics chargés de maintenir la Tradition dans quelque misérable Ghetto, voyant la tristesse infinie de ses concitoyens, se mit à leur relater des récits fabuleux, mythiques, où se mêlaient, dans l'Intemporel, le Rêve et l'Enchantement.

Au début, la communauté se pressait autour de lui pour l'entendre. Mais, les années passèrent et plus personne ne venait l'écouter. Pourtant, obstinément, les yeux fermés, il continuait, seul, à discourir.

Un jour, enfin, un enfant s'approcha et lui dit: «Monsieur, pourquoi parles-tu tout seul?» L'Ancien, toujours les yeux clos, eut cette réponse: «Tu vois, petit, au début je racontais des histoires pour changer le Monde. Maintenant je me les raconte pour que le Monde ne me change pas.»

«Il faut s'enchanter soi-même.»
Socrate

Précepte socratique qu'il faut se rappeler à notre époque, gagnée par le «Désenchantement,» qui fait perdre trop vite à l'enfant son sens inné du merveilleux et ses qualités imaginatives,[2] dans des Sociétés triviales menacées par le «Terrorisme de la banalité».

«Mais ceci est une autre histoire.»
R. Kipling

Le Témoignage

Dans ce *«Trajet de Société»*, notre rôle de Témoin n'est ni de jouer au «Candide»[3] ni de faire le procès d'un Monde en divorce avec sa Nature profonde et son Milieu, malade de sa Modernité même et de sa Démesure. D'autres auteurs plus spécialisés en ont établi les constats, multipliant les mises en garde, non sans toutefois relever un nécessaire Eveil de la Conscience. Ils concluent avec une espérance sans illusion: «S'il y a un avenir, il mérite d'être examiné… il sera Spirituel, ou ne sera pas» (A. Malraux).

«Si l'Humanité meurt, ce sera par manque d'Amour»

Nous vivons une époque-charnière instable, de mutation profonde, irréversible, qui n'est pas sans péril. Les cycles de l'Histoire nous apprennent que «les Civilisations sont mortelles» et que ce ne sont pas seulement les guerres qui tuent les civilisations, c'est aussi l'effacement de la Mémoire dans un oubli qui se révèle suicidaire.

Un monde sans mémoire est un monde sans culture par conversion des mentalités, isolées radicalement de leurs Modèles. Abolir l'Enseignement transmis par le Passé, c'est faire de nous les «Déracinés» ou «Amnésiques culturels» d'un Monde tout autant désacralisé qu'en Mal d'Etre, sinon de Devenir.

C'est pourquoi, sans être pour cela nécessairement passéiste, nous ressentons l'impérieuse nécessité de nous retremper aux sources des Civilisations et de la Pensée originelles avec ce profond respect que nous devons à la Vie, à l'Homme et à ces Dieux «qu'on assassine…»[4]

Ce même respect, nous le devons aussi à la mémoire de l'Ancêtre reculé qui a préparé l'héritage de l'Humanité et bâti les fondations de ce «Conservatoire» de la Création universelle: ce *Musée de l'Homme*,[5] que nous pouvons redécouvrir avec le «Regard de la Mémoire,» retrouvant le Présent dans les Formes du Passé.

«Le Temps présent et le temps passé
Sont tous deux présents peut-être
* dans le temps futur*
et le temps futur contenu dans
* le temps passé.»*[6]

Quant au possible devenir de l'Art, André Malraux propose avec ambiguïté: «Pourquoi l'art ne subirait-il pas une mutation aussi vaste que celle de la beauté? Nés ensemble, le Musée Imaginaire, la valeur énigmatique de l'Art, l'intemporel, mourront sans doute ensemble. Et l'homme s'apercevra que l'intemporel non plus, n'est pas éternel…. Mais qui pourrait tuer l'immortalité?»[7]

Partagé entre la séduction de l'Ephémère qui porte dans son renouveau les germes de son déclin et la provocation d'une Anti-culture qui confond aurore et crépuscule,[8] l'ART, «témoin de son Temps», ne construirait-il plus aujourd'hui l'archéologie de demain?

Rien pourtant n'empêche, comme Apollinaire, de «plonger dans l'inconnu pour trouver du nouveau», ou encore, comme Cocteau, «d'inventer l'antiquité».

La Quête

«Cherchons comme cherchent ceux qui doivent trouver et trouvons comme trouvent ceux qui doivent chercher encore.»
Saint Augustin

Découvrir avec «l'Intelligence du Coeur»

Pour mieux comprendre les motivations de l'Oeuvre des «Peuples sans écriture», symbolique par choix ou par nécessité et pour pénétrer le sens du «Graphisme anthropologique» de l'*Idée* devenue *Image* dans les *Trajets de la Pensée primordiale*, il nous faut redécouvrir avec «l'*Intelligence du Coeur*» des truismes initiaux que l'instinct n'a jamais oublié, réapprendre à «lire» ce qui n'est pas écrit.

Des traditions orales, où se mêlent le Mythe et l'Histoire, nous parlent d'ancêtres, dont la généalogie s'estime selon le calcul incertain des générations, perpétuées par la Mémoire.

Nous ne pouvons nous contenter de la seule vision, trop limitée, d'une ethnographie[9] discursive sinon dogmatique à laquelle il incombe, par profession, d'analyser les expressions formelles de groupes sociaux dont la seule «écriture» était l'abstraction du Signe ou du Symbole, c'est-à-dire, basée sur un système de codes préétablis: «la Grammaire» des signes culturels d'une «Langue» perdue.

André Breton, évoquant la manière d'aborder l'Oeuvre ethnique, écrivait, non sans quelque passion:[10] «Rien de moins propice à son appréhension en profondeur que de devoir en passer par le regard trop souvent glacé de l'ethnographe qui croirait, sinon déchoir, du moins faillir à ses disciplines s'il se portait vers elle avec quelque ardeur ou même s'il se montrait, tant pour les autres que pour lui-même, moins rebelle à l'émotion. On n'y insistera jamais trop: il n'y a que le seuil émotionnel qui puisse donner accès à la voie royale; les chemins de la connaissance, autrement n'y mènent jamais.»[11]

«On ne peut réduire l'Etre au Dire, l'Existence au Discours»

Pratiquant l'ouverture d'esprit indispensable en dépassant les contraintes étriquées d'une seule discipline, l'Ethnologie, Science Humaine, par excellence, devrait se comprendre plus comme une vocation que s'ériger en professionnalisme réductionniste rebelle à l'Intuition et au «Coup de Coeur». Principalement préoccupé «d'Archaïsme vivant,» l'«Explorateur de Terrain» pourrait y découvrir comme un autre lui-même, celui d'une autre vie, ou d'un lointain passé, au lieu de retourner chez lui avec le même bagage qu'il avait au départ, n'ayant finalement trouvé rien de plus que ce qu'il voulait trouver.

«L'Etranger ne voit que ce qu'il sait.»
Dicton Malien[12]

Une Ethnologie bien comprise, débarrassée de ses a priori, se doit d'étendre le champs de ses investigations, être pluridisciplinaire pour mieux pénétrer des phénomènes humains où le Perçu vitalise le Concept au travers de Traditions rigides qui, au delà d'un Style, rejoignent l'Universel, échappant au carcan des «Structures anthropologiques» de l'Oeil occidental.

«L'Homme ne peut se réduire à son ethnicité»

Pour progresser dans cette poursuite de la Connaissance, il ne suffit pas de Savoir, il faut aussi discerner, avoir le courage de remettre en question des notions qu'on croyait acquises et se rappeler que regarder n'est pas voir, mais que comprendre c'est déjà aimer.

Ainsi cette ouverture d'esprit, plutôt que de les fermer, nous permettra d'entrouvrir les portes de Mondes condamnés à se perdre, en même temps qu'elles ouvriront celles de la Compréhension et de la Connaissance.

«Celui-là seul voit qui voit les Etres comme un autre lui-même»[13]

Notre propos n'est évidemment pas de nier la nécessité d'une analyse «scientifique» indispensable, ni surtout de la contester, mais plutôt d'en souligner les carences. Ajoutons que l'Ethnologie, de même que l'Ethnographie, ne font pas partie des sciences dites exactes. On peut dire que ce sont des «pseudo-sciences» qui ont en charge l'Etude de l'Humain dans ses activités.

«La Manière dont on mènera l'enquête déterminera son résultat.»

TRAJETS ET TRACES DE LA MEMOIRE COLLECTIVE

«La pensée avant d'être oeuvre est trajet.»
Henri Michaux

Nous introduisons l'Ouvrage par quelques *Trajets* particuliers que peut suivre l'Ame de l'Homme en quête d'Absolu, avec le regard qu'il porte sur le Monde et qu'il exprime par le *Tracé* de Signes ou de Symboles, plongeant dans l'inconscient ou confinant au Sacré.

«Ces mystères sont donnés par Symboles, afin qu'ayant des yeux pour voir, certains ne voient point et qu'ils n'aient point de pardon.»

Evangiles. Marc IV, 12

Dans ces *Cheminements* de la Pensée on constate la pérennité de certaines représentations symboliques originelles et l'universalité des Archétypes fondamentaux issus de l'Inconscient Collectif.

«A l'origine est la Pensée.»
Maxime Dogon

Itineraire

Pour faciliter le *Parcours* de notre exposé, des textes-charnières d'*Orientation* lient ou soulignent les différents sujets traités. *Variations sur un thème* qui forment dans leur ensemble un *Pèlerinage* de cette Mémoire collective avec l'Afrique comme pivot, cette Afrique qui fut en perpétuelle gestation de Formes, de Forces et de Rythmes.

«Telle est la vertu du sang noir où il en tombe une goutte, tout refleurit.»
Michelet[14]

Quelques Itineraires Particuliers

We shall not cease from exploration
And the end of all our exploring
Will be to arrive where we started
And know the place for the first time.

Nous ne cesserons pas notre exploration
Et le terme de notre quête
Sera d'arriver là d'où nous étions partis
Et de savoir le lieu pour la première fois.[15]

Le Trajet du «Mental Cosmique»

«C'est un voyage au coeur du Vide d'où tout est né.»[16]

Moine Zen méditant devant le jardin peigné du Monastère de Daisen-in.*
La Méditation et la Contemplation, disciplines négligées par le Pragmatisme occidental, sont des ouvertures de l'esprit qui permettent une Connaissance plus profonde et une Vision plus large, qui sont pour l'oriental: révélation et clairvoyance. C'est pourquoi nous avons choisi le Tracé Zen comme exemple.

Apparenté au Bouddhisme Ch'an, marqué par le Tao chinois et le Shinto des origines, le Zen n'a rien d'une philosophie doctrinaire. Il propose la perfectibilité de l'Ame qui, par l'auto-discipline d'une pratique méditative, amène à la *«Claire Vision»*.

Le Zen profond est à la fois *«Pensée à l'état pur»* et *«Art d'Etre»*, compris en tant que seul *«Acte total»* de *«l'Ici et Maintenant»*. Débarrassé de l'Ego, il participe de façon intime à une *Vacuité* considérée comme existentielle.

En d'autres termes, c'est la recherche permanente d'un Etat, celui de *«l'Eveil»* par l'exercice du *«Mental cosmique»*, ce *«Troisième Oeil»* qui permet le *«Dépassement du Moi»*.

Zen viendrait du sanskrit *«dhyana»*, méditation et c'est bien de *Méditation* qu'il s'agit, cette *«Immobilité active»*, ce *«Trajet de la Pensée»* en quête d'Absolu.

«L'Inexplicable est la clé de l'essentiel.»
Précepte Tao

*Pour les illustrations, le lecteur trouvera les références photographiques dans la partie anglaise du catalogue: «From Africa and Elsewhere», pages 21–35.

Il nous est difficile, sinon impossible, de traduire avec des mots, sans quelque trahison, ce mode de pensée orientée vers le non-agir et la non-affirmation, refusant tout concept, attitude de l'esprit qui ne semble paradoxale ou même absurde qu'aux yeux d'une *«Modernité»* occidentale déformée jusqu'à l'aveuglement par l'anthropocentrisme matérialiste de ses convictions. L'Homme doit comprendre qu'il n'est pas le maître de la Création *«il n'est qu'une partie d'un Tout»*.

Innové vers le XVe siècle, période de grande simplicité esthétique en accord avec la Vision Zen, le jardin de sable peigné, ou *«paysage sec»* doit servir de support à la méditation contemplative.

Art introverti du Vide où *«le rien doit exprimer le Tout»*, c'est la recherche de l'Essentiel qui a marqué cette époque par l'économie dans les moyens d'expression.

Le dépouillement d'une ligne pure, d'une forme qui doit être *«parfaite dans son imperfection»*, favorise cette méditation privilégiée où la conscience s'éveille dans le parcours de la Pensée originelle.

Le Trajet de l'Imagination

«D'où te vient ceci âme de l'Homme, d'où te vient ceci?…»[17]
Shakespeare

Avec l'automatisme d'une «Intelligence artificielle» qui défavorise l'activité mentale dans des Sociétés «qui pensent pour vous», certaines prédispositions de l'esprit, comme le rêve et l'imagination, se sont sclérosées.

L'imagination, faculté négligée et pourtant salutaire, au même titre que la Méditation ou la Contemplation, est un puissant stimulant de la Créativité où le Rêve prend sa place et l'Evasion commence. Dans la création d'une oeuvre, l'Imaginaire peut être à la fois substitut et suppléant de la Mémoire enracinée. C'est la mémoire récessive qui a joué ici le rôle de révélateur émotionnel et fait le titre de cette composition: **«Je me souviens de Stonehenge.»**

Expérience mnémotechnique visant à réunir les trois Mondes Anciens: Europe—Asie—Afrique, à partir d'objets de fouilles du Mali, jouets ou reproductions diminutives[18] des piliers d'une maison des hommes à Djenné. Nous les avons délibérément disposés sur cette même terre où ils ont été trouvés, de laquelle ils sont pétris et présentés pour la circonstance à la manière d'un jardin peigné japonais, le «Jardin Sec».

Egalement inspiré du Japon, le socle, défini ici par le double carré, servait à supporter les «jardins réduits», les «Bonzaï» ou les «Suizeki», ces pierres naturelles, de petite taille, admirées pour leur beauté et la force de leur pouvoir de suggestion.

D'Europe enfin, par le rappel de nos Racines, l'évocation des mégalithes, «Pierres pendues dans le Ciel» ou «Ballet des Géants» et, fidèle à notre culture, le format du «jardin sec» soumis à la «Règle d'or», option philosophique des anciens Grecs et des artistes de la Renaissance.

C'est donc la matérialisation d'un jeu de l'esprit, une proposition d'Universalité, qui peut faire retrouver, avec le *«Regard de la Mémoire»*, les liens privilégiés qui nous unissent au Passé autant qu'à la Terre comme un cordon ombilical à la Matrice des Origines.

«Kunst kann nicht modern sein. Kunst ist urewig.»
Egon Schiele[19]

Le Tracé du Sol

«C'était donc un morcellement infini, une mise au carreau du sol sous le pieds des hommes.»
Marcel Griaule[20]

Masque (Kifwebe) initiatique Songye[21]
La représentation symbolique du Sol se fait à partir de la *«mise au carreau»* d'une surface donnée qui subit le tracé des droites, se différenciant ainsi du tracé curviligne de la Terre et de l'Eau, principes-mères de la *«Genèse du Monde»*. C'est le «damier» d'une géographie sacrée, d'une «Divine Géométrie» alliant le visible et l'invisible.

Déjà la préhistoire chinoise figurait la Terre par un cube de jade à section carrée (Tsung) et le Ciel par un disque (Pi), tous deux percés d'un «Vide» circulaire permettant un éventuel emboîtement. Si le Labyrinthe marqua le tracé de la Jérusalem des origines et le Carré, celui des derniers temps, c'est ce même Carré parfait qui dessine la Ville ancienne de Pékin, baptisée «Centre de l'Univers».

Les anciens Grecs, dans leur vision d'un univers clos et fini aristotélicien, systématisaient ce que les Peuples Premiers ont exprimé: «la Terre, Miroir du Ciel». Cette notion était corollaire du repérage géographique, établi d'après la position des astres, qui complétait celle des lieux et permettait l'orientation. Un relevé de terrain s'inscrivait alors dans l'espace limité d'un cadre topographique, la marque des lieux obéissant aux lois des Symboles et à celles de la Géomancie.

Pour les Dogons du Mali, le «Damier», comme une «Grille», symbolise les «Choses de ce Monde», alors que les verticales et les horizontales qui le composent expriment «l'Ordre Humain».[22]

Quant au masque Songye, il reproduit, en plus des trajets mythiques du sous-sol, gravés sur son front, le tracé d'une topographie occulte de la Mémoire ethnique. Ce «kifwebe» présente donc un graphisme codé qui n'a rien de gratuit dans la géométrisation de sa surface, avec le même décor que celui des poteries archaïques de Kabinda et une fonction parallèle à celle des *«Tablettes à Mémoire»*. De plus, la division de ses «carreaux» par des traits alternés pairs et impairs, semble s'identifier, par sa systématique, à ce que Morlighem appelle une *«Arithmo-sophie»*,[23] une symbolique du nombre qu'il a pu relever sur le terrain. De même, chez les Akan de Côte d'Ivoire et du Ghana, on peut relever sur les poids géométriques à peser l'or, un système parallèle complexe, mêlant Symboles et Numération.

Le Tracé Agraire

Tracé d'une récolte dans la Pampa argentine.[24]
Ajoutons au tracé symbolique, le tracé physique du Sol par la marque du lieu cultivé: le tracé agraire, imprimé par le Paysan, *«principal acteur du huitième jour de la Création»*.[25]

Dans l'exemple que nous donnons, on peut voir cet artisan de la Terre Argentine qui trace son chemin avec ce profond respect de la Nature qui lui fait épargner le bouquet d'arbres qu'il trouve sur son trajet. Nous pouvons dire qu'il pose un acte écologique, voulu ou non, favorisant en même temps le milieu biologique cultivé.

La *«marque du lieu»* tracée par l'agriculteur qui modèle le paysage, n'est pas sans rappeler la vision conceptuelle du «Land Art», autre tracé agraire, et de ses interprètes-paysagistes d'un «esthé-tisme» de l'Espace géographique.

Agissant sur la Nature, ces «Earth-workers» ou «Land artists» choisissent «l'environnement non organisé, non déterminé» d'un univers vierge: Campagne ou Désert».

«Art de l'Espace» apparu aux Etats-Unis vers 1967, le «Land Art» s'exclut des Musées. C'est une démarche souvent éphémère, soumise à l'érosion du temps, dans un «lieu intemporel ou l'immensité de la Nature situe l'Homme en un autre Temps».[26]

Le Tracé de la «Terre-Mère»

«L'Oeil écoute.»
Paul Claudel

Sanza du Kasaï.[27]
Idiophone à touches métalliques[28] dont l'emploi est courant au Zaïre.

Ce modèle particulier, propre aux Lunda, peut se retrouver chez les Tshokwe et les Luba du Kasaï avec un dessin similaire, à interprétation qui peut parfois différer mais avec le même fond symbolique.

Alors que chez les Lunda ce graphisme évoque les pistes, les «trajets», et se scarifie en tatouage abdominal chez les femmes Tshokwe, il s'identifie, chez les Songye, aux «tracés» (ou «trajets») de la matrice originelle, ceux du «Ventre» de la Terre-Mère, comme les symbolisent également les sillons du masque «Kifwebe». De plus, au centre de l'objet, est sculpté un coquillage, le cauris, qui complète l'allusion. Puisqu'il en a aussi la forme, le cauris est appelé «l'Oeil» en même temps qu'il suggère le sexe féminin.

La symbolique universelle de la Terre-Mère se retrouve ici en relation directe avec le «corps» de résonance, le «ventre» de l'instrument musical africain, qualifié «d'âme» en Occident. L'orifice de «sonorité», percé en des-sous des touches et qui fait office de résonnateur, correspond parfois avec une calebasse fixée au dos de la table instrumentale.

Résonnateur aussi, ce trou découpé dans la feuille de l'arbre par un insecte d'Afrique pour tripler l'amplification de «l'appel» produit par la friction de ses membres. Quant au pygmée Baka,[29] il se construit un cordophone de fortune à partir d'une seule grande feuille tra-versée par une fine branche, alors que la corde est rattachée au cou du joueur, construisant ainsi l'arc de cet instru-ment éphémère. Ici, c'est donc la feuille elle-même qui fait le «corps de résonance».

Ainsi l'Homme, une fois de plus, et en accord avec elle par un contact permanent, rejoint-il la Nature.

C'est cette symbiose essentielle qu'exprime la «Voix» immémoriale des Signes, associée à celle des Sons.

Le Tracé de l'Eau

Dans l'écriture des Symboles, le Tracé de l'Eau, comme celui de la Terre, obéit à la ligne courbe ou sinueuse.

Association de l'Eau, principe fécon-dant et de la Terre-matrice fécondée, ce sont les deux éléments fondamentaux, avec l'Air et le Feu, de la génèse du Monde, à l'origine de la Vie et de la Création. Car la Vie est née, avec l'oxygène, dans l'Eau qui recouvrait, à l'aube terrestre, notre planète dans son entièreté.

Quant à notre illustration[30] choisie par Baltrusaïtis[31] comme image d'une «perspective cartographique» ou proposée par René Huyghe[32] comme exemple représentatif de «Forme de Croissance», pourrait-il s'agir, ainsi que l'indique cet auteur, de la représentation de Saint Jean?

Alors, de même que l'Eau vive où nage l'embryon dans le ventre de sa mère, ce serait aussi l'Eau purificatrice de la vie spirituelle, celle de l'Esprit Saint où se plonge l'Apôtre, comme pour un nouveau baptême.

Exilé à l'île de Patmos, Saint Jean y com-posa, dit-on, l'Apocalypse.

Le Tracé Anthropologique

«Le Voyage itinérant de l'âme.»
Jill Purce[33]

Bouclier Arawe—Côte S. O. de la Nouvelle Bretagne—Mélanésie.
La Terre et l'Eau, principes de la génèse du Monde, sont également à l'origine des trajets initiaux de l'Homme. Ils se traduisent dans l'écriture des symboles par les tracés anthropologiques essentiels de la spirale et du labyrinthe.

Face au labyrinthe terrestre c'est aussi la courbe exponentielle de la spirale cos-mique, qui appartient au Monde de l'Air, celle du voyage de l'Ame, compagne de l'Oiseau qui a marqué de son envol l'Esprit Océanien.

La dynamique de la spirale convient à la cinétique du voyage et la mer est cette étendue d'Eau porteuse des migrations anciennes qui caractérisaient les îles de la Mélanésie.

Ceci expliquant cela, il n'est pas éton-nant que l'art Océanien montre un décor dynamique où la courbe prévaut et se distingue ainsi du statisme africain qui donne sa préférence au tracé d'une ligne droite souvent ascensionnelle, dépendant tout autant de l'influence du milieu géographique continental que des fondements socio-religieux. Méandres du voyage de l'Ame et Migrations immémoriales, c'est ce que suggère, par la voix des archétypes, le décor de l'Objet Arawe, alors que d'autres voix, tout aussi fortes, celles de l'Imaginaire, évoquent des demi-masques affrontés ou des empreintes digitales en opposition.

La face interne du bouclier montre la répétition d'un motif évoquant cet autre «Symbole universel d'engendrement, idéogramme bilobé de type vulvaire ou utérin: le «Vulvenbilder». On retrouve ce même motif sur les avants de pirogue des îles voisines, les Trobriands, et l'on peut voir, entre les deux volutes de ces figures de proue, poindre la figure de l'Ancêtre comme dans une deuxième naissance.[34]

La graphie dynamique du «Vulven-bilder», n'est pas sans évoquer celui, proche du symbole, de l'anneau tour-billonnaire d'un fluide en écoulement:

le Vortex, autre facteur de forme et de force. De même, une spirale, dans son dessin, peut rappeler la structure de l'A.D.N., molécule codée de la Mémoire génésiaque, à l'origine de la Vie.

Les Trajets du «Temps du Rêve»

«Il existe un rêve qui nous rêve.»
Kalahari Bushman[35]

Bouclier—Australie de l'Ouest.
Le Rêve n'est pas seulement un phéno-mène physiologique lié au mécanisme des cycles du sommeil, c'est un voyage au delà du Conscient qui échappe au monde extérieur de la «Réalité objective» en retrouvant ainsi, dans d'impossibles avatars, les archétypes de l'Inconscient collectif.

Nous ne parlerons pas ici du «Rêve éveillé» de l'artiste ou du poète, ni de celui de l'enfant avide de ce Merveilleux, si fragile, à notre époque qui en manque singulièrement.

Nous n'insisterons pas non plus sur le rêve induit du Chaman ou du Sculpteur de masques[36] en communion privilégiée avec les Esprits, relation que favoriserait, selon eux, l'usage réservé d'hallucinogènes pris comme révéla-teurs, provoquant l'inspiration sacra-lisante qui donne l'Ame à la Forme créé, la Vie au Substitut imaginé dans cette «Matérialisation du Songe».

Pour l'aborigène d'Australie, comme pour le Bochiman d'Afrique Kalahari-enne, qui ont en commun le même isolement continental,[37] le Rêve peut avoir un rôle créateur ou être «l'Ombre d'une chose réelle». Le «Temps du Rêve», pour l'Australien, explique la génèse du Monde, l'aube de l'Humanité, le «Temps de toutes les métamor-phoses» qui engendrent les mythes.

Ce sont les «Grands Anciens du Temps du Rêve», issus du Vide originel, qui ont créé la Nature avec laquelle l'Homme s'identifie et dont il est à la fois acteur et partie. Cette osmose, source de nombreux récits mythiques à transformations, inspire l'oeuvre sculptée ou peinte de l'art aborigène qui vit le Passé au Présent.

«L'artiste» perpétue, toujours avec les mêmes gestes, la «Mémoire des Siècles» dans une Société immuable, aux traditions millénaires où toute l'importance est donnée à l'Acte créatif qui les transmet.

Les tracés de notre bouclier archaïque expriment les Trajets primordiaux en même temps qu'ils soulignent, comme par un blason, l'appartenance au clan dans «l'héraldique» des territoires occupés.

Encore taillé à la pierre dans un bois rare, gravé à la dent d'opposum et fini au coquillage, sa surface striée rappelle singulièrement les sillons du Kifwebe Songye, ceux du cheminement de leurs premiers ancêtres.

«Les Tracés Perdus» de la Forêt

«Ceux du pays des arbres[38] *qui dansent les danses des Dieux».*
Document égyptien
vers 2000 av. J. C.

«…ils connaissent les étoiles et les choses cachées.»
P. E. Joset (Zaïre II, 1, 1948)

«Tapa» pygmée de l'Ituri.

La femme Mbuti héritière de cet art issu d'un lointain passé, perpétue le graphisme traditionnel sur écorce battue: le «Tapa». Elle répète les mêmes modèles, retrouve les mêmes marques ou innove au gré de son inspiration, mais elle n'a plus aujourd'hui la clé de ce qui fut autrefois un «vocabulaire» de signes culturels.

C'est un message perdu qui rappelle les Tracés, les Pistes de l'Homme dans l'espace limité, sans perspective, de la forêt dense et traduit les mythes ancestraux en s'inspirant des formes naturelles qui l'entourent ou du ciel qui perce parfois les cîmes des arbres rapprochés.

Art codé de la forêt profonde, marqué par la géomorphologie, c'est un Trajet oublié de la mémoire atavique qui répond à l'angoisse née de l'oppression du Milieu, mais en communion avec lui, par la «Voix du Silence».[39] Le même silence que celui de la Forêt qui l'engendre auquel répond, seul, le son lancinant des flûtes pygmées.

On a trop souvent négligé le rôle capital de la Femme dans les différentes disciplines de la création artistique primordiale.

L'écriture du «Tapa» devenue un mode individuel d'expression, est dessiné librement, «avec cœur»[40] par la créatrice pygmée.

D'autre part, maniant la Terre et l'Eau, principes essentiellement féminins, la Femme est la «Potière» de l'Afrique. C'est aussi la «Décoratrice» des «Velours du Kasaï», la «Femme-peintre» des cases du Ndebele, comme sa sœur du Mithila en Indes pour qui l'essentiel est de créer, même si son œuvre est effacée par les Moussons. C'est l'accomplissement d'un acte de Foi.

Le Tracé de la Folie

«Il en résulte que l'Artiste doit être un schizophrène au petit pied. Pareil à l'enfant et au fou, il ne peut prétendre qu'au génie.»
Jean Cocteau[41]

L'œuvre pygmée sur tapa a pu faire dire à certains psychanalystes qu'elle révélait une «attitude suicidaire» (?).

Tout en n'adoptant pas ce diagnostic d'aliénation, nous pouvons toutefois admettre que le graphisme pygmée et celui du psychopathe peuvent avoir en commun les forces instinctuelles de l'Inconscient qui réagissent à l'oppression du Milieu: géophysique pour l'un, social pour l'autre, établissant ce parallélisme de Situation sinon d'Expression.

Si l'œuvre pygmée porte encore l'empreinte traditionnelle de son ethnie, celle de l'aliéné transcrit l'univers chaotique du déséquilibre mental. Fuyant dans l'espace et dans le temps, il va parfois jusqu'à retrouver le chaos primordial dans l'incohérence de ses griffonnages. Fragiles sont les barrières qui séparent «Normalité» et «Folie» pour l'Homme portant en lui les germes de l'Instabilité ou même d'une autodestruction latente qui peut marquer les cycles de l'Histoire par des reflets d'Apocalypse.

Quant à la démence pathologique, Schizophrénie ou Paranoïa, favorisée entre autres par l'inadaptation au Milieu social, elle se développe, chez l'Individu prédisposé, à partir de troubles caractériels menant à la désintégration progressive de sa personnalité.

Plus de 70% des œuvres, qu'on peut qualifier d'artistiques, chez les aliénés, sont produits par des schizophrènes, qui se révèlent également les plus doués. Vivant l'Imaginaire d'une quasi-réalité, ils tentent le dialogue par des «Images qui parlent», «Vocabulaire» d'un Art comme «envoûté». Nous avons choisi le graphisme que présente Hans Prinzhorn comme exemple de «dessin ludique avec tendance à ordonner».[42]

On retrouve ici deux états inhérents à la Condition humaine: celui de «l'Homo ludens» et celui de «l'Homo faber»[43] en symbiose avec la Nature elle-même «qui impose l'ordre au désordre», acte que renouvelle inconsciemment ce schizophrène dans la quête machinale d'un nouvel équilibre par le Tracé automatique d'une géométrie rassurante, d'un «kaléidoscope végétal».

Le Tracé de l'Enfance

«C'est dans l'inconscient de l'enfant que nous voyons le mieux la puissance et l'universalité des symboles archétypiques.»
C. G. Jung[44]

L'enfant, inventant l'Art, figure ce qu'il sait, ce qu'il sent, et non ce qu'il voit. Ne dit-il pas lui-même que le dessin est une «Idée avec une ligne autour».[45]

Tout autant: Expression spontanée obéissant à une nécessité intérieure, que Communication précoce par un langage de Signes qui rejoint la Voix immémoriale des Symboles; c'est un Message codé de l'Inconscient, qui nous renseigne sur le psychisme de l'enfant, sur ses «Etats d'Ame».

Comme l'aliéné, il vit l'Imaginaire, mais n'a en commun avec lui que la «vérité mystérieuse des archétypes», les formes ébauchées de l'Inconscient et la pression de l'instinct s'exprimant par le Tracé d'une «Idée-Force», d'une «Image qui parle».

L'œuvre infantile se distingue par la sincérité, la spontanéité de l'Innocence et la fraîcheur naïve du Naturel, avec ce «Sens en plus» qui nous séduit. L'enfant ne ment pas, il raconte une histoire, à nous de l'écouter, et s'il nous incombe de faire son apprentissage, lui, par contre, nous éclaire sur nous-mêmes au travers de l'authenticité de ses comportements.

«L'enfant est le père de l'adulte.»
Proverbe Tsonga[46]

«C'est peut-être l'enfance qui approche le plus de la «vraie vie»;…l'enfance où tout concourait cependant à la possession, et sans aléas de soi-même».[47] Cette pensée d'André Breton rejoint celle de Goethe qui considérait le génie, dans un dépassement de la conscience, comme «une enfance renouvelée».

L'aquarelle reproduite ici, où l'on retrouve la symbolique de la Terre, est la création d'un enfant de sept ans[48] qui l'offrit tout naturellement…à sa mère (voir Tracé de la «Terre-Mère»).

Apprenant le réel succès de ses autres œuvres auprès de la clientèle de son grand-père, encadreur, le petit Stanislas eut cette répartie magnifique: «Si tu les vends, il ne faut pas t'imaginer que j'en ferai plus d'une par jour.»

Inutile de souligner que cette clientèle, ignorant son âge et sa condition, croyait à l'éclosion d'un nouveau «génie».

Le Tracé du Cœur

«Voir avec les Yeux du Cœur.»

Illustration métaphorique d'une calebasse-message (Dahomey).

Nous pouvons dire, avec René Guénon, «qu'au cœur du symbolisme se trouve le symbolisme du Cœur».[49] «Temple de Dieu» chez les Hébreux, il est, pour Aristote le «Centre de l'Homme», à l'égal de son «Feu intérieur», alors que les Aztèques, qui lui accordent la même importance, l'offrent, par extraction, en sacrifice à leurs divinités.

Symbole à facettes multiples, allant de la figuration des Sentiments, sinon de la pensée affective, jusqu'à celle des passions, du Sacré au profane, le Cœur peut tout autant représenter l'Amour que la Foi, la Conscience que l'Intellect.

Dans la littérature, comme dans le langage, il illustre l'image poétique et fleurit la métaphore. «L'Intelligence du Cœur», les «Yeux du Cœur» sont les locutions corditropes que nous avons choisies pour servir notre propos: celui d'allier et le Cœur et l'Esprit. Si, pour Pascal et Vauvenarges, «les grandes pensées viennent du Cœur», pour Antoine de Saint-Exupéry, «on ne voit bien qu'avec le Cœur».

Les anciens chinois emploient deux verbes différents pour désigner nos facultés de Voir: celle des yeux et celle de l'âme,[50] réduisant ainsi l'ambiguïté possible d'une image métaphorique, voire symbolique.

Dans le Soufisme islamique, «L'Oeil du Cœur», «l'Ayn el-qualb», symbolisé par la plume de paon, est également compris, comme dans l'idéologie de Saint Augustin, en tant qu'organe de la perception spirituelle[51] tandis qu'aux Indes, il est le «troisième Oeil» de l'Esprit, omniscient, qu'on prête à Çiva. Quant à l'Egypte ancienne, pressentant pourtant déjà le rôle du cerveau, c'est bien le Cœur qui est désigné comme «Centre de la pensée»; siège de la conscience, «il dirige l'homme et le censure».[52]

En Afrique noire, où quelques parallèles avec l'Egypte pharaonique vont nous inciter au rapprochement, la pratique d'un langage fleuri, imagé de métaphores, prend valeur de poésie et soutient le symbole.

Ainsi l'expression «le Cœur pense» se dit encore au Nigéria,[53] ou se retrouve illustrée sur une calebasse dahoméenne offerte par le prétendant à la jeune fille de son choix. C'est la calebasse-message «zöka» ou «calebasse de feu», pyrogravée, qui précède la demande en mariage. Son graphisme peut se traduire à la manière d'un idéogramme qui serait celui des «Yeux du Cœur»: «Mon cœur et ma pensée sont pleins de toi…Mes deux yeux sont fixés sur toi.…»[54]

Exemple d'attention galante qui n'est pas sans évoquer le Romantisme ou, encore plus anciennement, les pratiques de l'Amour courtois de notre moyen-âge, du temps des ménestrels, trouvères et troubadours et qui, malgré sa barbarie, ne manquait pas de grandeur.

Comme le philosophe grec, par la «Musique des Sphères»,[55] ou le moine Zen, par le «Mental cosmique», l'Homme «d'Eveil» d'aujourd'hui, isolé dans sa quête d'Harmonie universelle, ne pourrait-il plus, avec «L'Oreille du Cœur», à l'origine des premiers rythmes, «Ecouter battre le Cœur visible et invisible de l'Univers…est-ce une ambition démesurée?»[56] C'est aussi la question que se pose un cardiologue dans son «Tracé» spéculatif.

Les Premiers Tracés Signifiants

Pictographies du Mas d'Azil (Ariège-France).

Plus de 300 galets, décorés d'ocre rouge, furent découverts dans cette région méridionale qui, de l'Espagne, regarde vers l'Afrique.

Datant du mésolithique, vers 8.000 ans avant J.-C., ils révèlent la spécificité d'un foyer Franco-Ibère, marqué par la pénétration de populations africaines dans la Péninsule. De plus, les ossements découverts portent des traces d'ocre rouge ayant dû servir au rituel de l'inhumation, orientée Est-Ouest, «là où le soleil se couche», autres rapprochements avec certaines pratiques du Continent africain.

De tels brassages de populations, jalonnant l'histoire de notre Humanité, de tels rapprochements, dépassant apparemment le stade des coïncidences, ont pu faire dire à Léopold Sedar Senghor: «Nous sommes tous des métis.» Phrase qui prend ici toute sa valeur et souligne, s'il le fallait encore, l'Universalité de notre propos.

Quant au décor de ces galets préhistoriques, en plus et au delà de «figures abriéviatives» confinant aux symboles, il se devine comme l'amorce d'un alphabet à «caractères» interchangeables, qui pourrait bien constituer le plus ancien des «Abécédaires», précédant le phénicien ou encore le créto-égéen, duquel il se rapproche, dans l'élaboration des premiers «Tracés signifiants» d'une «écriture» linéaire.

C'est la raison pour laquelle nous avons choisi de clôturer, avec ceux-ci, notre série introductive, préparant à la «lecture» d'Objets, d'Afrique ou d'Ailleurs qui sont autant de témoins d'une «Mémoire Collective,» de «Variations sur un thème».

NOTES

1. Rappelons que le jeu de l'Oie, comme celui de la Marelle, sont des dérivés de très anciens parcours initiatiques, apparentés à celui du Labyrinthe. «Le jeu du Serpent» des anciens Egyptiens est l'ancêtre lointain du jeu de «l'Oie».
2. Cf. Le «Tracé de l'Enfance».
3. Le «Tout est pour le mieux dans le Meilleur des Mondes possibles» (Candide ou l'Optimisme, Conte philosophique de Voltaire).
4. En rapport avec la pensée de Nietzsche.
5. Le Musée est aussi par étymologie «Le Temple des Muses».
6. T. S. Eliot, «Burnt Norton», Four Quartets (Traduction P. Leyris), Seuil.
7. A. Malraux, La métamorphose des dieux, L'intemporel.
8. Cette «Confusion entre Révolution et Anarchie» est encore soulignée par le néologisme d'Hélène Pamelin dans sa publication: «Les Anartistes».
9. Rappelons que l'Ethnographie est une «Science» d'analyse de toutes les activités (y compris esthétiques) d'un groupe social donné. Alors que l'Ethnologie est une science de synthèse, «structurale», de l'ensemble de ces activités: généralités et évolution.
10. In K. Kupka: «Un Art à l'état brut», R. Laffont, Paris, 1976.
11. N'oublions pas que, sans être résolument les apôtres du «Non Savoir», les Surréalistes comme André Breton, dénonçant les spéculations intellectuelles d'un Savoir déformant, affichaient leur préférence pour un «Fonctionnement réel» et «désintéressé» de la pensée.
12. Le dicton africain est singulièrement proche de la parole de Goethe: «Der Mensch sieht nur was er kennt.» Les africains disent aussi: «Il ne peut voir sans ses propres lunettes.»
13. Ajit Mookerjee: «Art Yoga».
14. Repris dans: «Sculpture Africaine», Edition des Musées Nationaux, Orangeries des Tuileries 1972–73.
15. T. S. Eliot, «Little Gidding», Four Quartets, (Traduction P. Leyris), Seuil. Repris dans l'excellent ouvrage: «La Rime et la Raison» (Collections Ménil).
16. Fosco Maraini, Repris par Claude Elsen dans «A Kyoto, Les Jardins de la Méditation», Plaisir de France, Juillet–Août 1969.
17. In P. Ferryn et I. Verheyden, «Chronique des civilisations disparues», R. Laffont, Paris, 1976.
18. Probablement à usage funéraire comme en Egypte.
19. «L'Art ne saurait être moderne. L'Art revient éternellement à l'origine.» Repris par J. Clair, Considérations sur l'état des beaux-arts. Critique de la Modernité (1983).
20. M. Griaule, «Dieux d'eau, entretiens avec Ogotemmeli».
21. J. W. Mestach, «Etudes Songye, Formes et Symbolique».
22. M. Adams, «Designs for Living», 1982.
23. H. Morlighem, «L'Arithmosophie suivant les Baluba de Kasaï».
24. Georg Gerster, «Le Pain et le Sel».
25. Cf. J. F. Pirson, «La Structure et l'Objet».
26. J. L. Ferrier & Y. Le Pichon, «L'Aventure de l'Art au XXe siècle», Chêne-Hachette, 1988.
27. Noms vernaculaires: «Sanza», «Likembe» ou encore «Mbira». Provenance ethnique: Tshokwe, Lunda, Luba-Kasaï (Zaïre).
28. Chez les Kongo voisins qui ont une «Sanza» pratiquement similaire, ces lamelles «se distinguent entre-elles par membres d'une même famille (père, mère, enfants)» (H. Pepper, ethnomusicologue).
29. Forêt de l'Est du Cameroun.
30. Extrait du Traité dit «de Fauconnerie» de Frédéric II, Copie lorraine, Fin du XIIIe s., Paris, Bibliothèque Nationale.
31. Baltrusaïtis, Réveils et Prodiges, Les Métamorphoses du Gothique.
32. René Huyghe, Formes et Forces.
33. Jill Purce, «La spirale mystique», Chêne, 1974.
34. Ces figures de proue rappellent par leur forme la colonne ionique de l'architecture grecque.
35. J. C. Campbell, «The Mythic Image», Introduction.
36. Cf. J. W. Mestach, «Etudes Songye, Formes et Symbolique».
37. Ils partagent géographiquement le même tropique, celui du Capricorne.
38. Nom que donnaient les Anciens Egyptiens à la forêt vierge de l'Afrique Centrale.
39. Francis Mazières, «Tumuc-Humac» Musique de la haute forêt amazonienne, BAM, Paris, 1952.
40. «Woman who works with one heart», R. F. Thompson, Painting from a single heart, F. und J. Jahn, München, 1983.
41. In «Petits maîtres de la Folie».
42. H. Prinzhorn: «Expressions de la Folie». Cet ouvrage a marqué l'esprit du Bauhaus, dans les années 20, avec Klee et Kandinsky auxquels il servait de référence.
43. L'Homme qui joue et l'Homme qui fabrique. Quant au jeu, il semble autant appartenir à la nature de l'Homme qu'à celle de l'Animal.
44. C. G. Jung: Essai d'exploration de l'inconscient, in «L'homme et ses Symboles».
45. Réponse d'un enfant de Kiev à un questionnaire établi par l'organisation qui précéda l'Unesco dans l'immédiat après-guerre (Jan Vlug, Rapport).
46. J. Roumeguère-Eberhardt, «Quand le python se déroule», R. Laffont, 1988.
47. André Breton: «Manifeste du Surréalisme», 1924.
48. Stanilas Drzemala, né le 5 mars 1980.
49. R. Guénon, «Symboles fondamentaux de la Science sacrée».
50. Sakurazawa Nyoïti.
51. Dictionnaire des Symboles, R. Laffont, Paris, 1982.
52. G. Posener, Dictionnaire de la Civilisation égyptienne, Paris, 1959.
53. Cf. R. Farris Thompson in «Chefs-d'oeuvre inédits de l'Afrique Noire», Fondation Dapper, Paris, 1987.
54. C. Savary, «Notes à propos du symbolisme de l'art dahoméen», Musée et institut d'ethnographie, Genève.
55. La «Musique des Sphères» ou «Musique Cosmique» dont parlaient entre-autres Platon et Pythagore, lequel, déjà au VIe siècle avant J.C., avait développé une théorie arithmétique de la musique.
56. Docteur N. Boyadjian, cardiologue, «Le Coeur».

Variations sur un Thème

Objets, Sujets d'Afrique et d'Ailleurs

Jean Willy Mestach

«Une oeuvre d'Art devrait toujours nous apprendre que nous n'avions pas vu ce que nous voyons»
Paul Valéry

«Objets inanimés avez-vous donc une âme qui s'attache à notre âme et la force d'aimer»

Lamartine

ARGUS: CATALOGUE DESCRIPTIF

«Les choses, comme les hommes, ne valent que les unes par rapport aux autres»
A. Malraux

Argus, surnommé Panoptes, «qui voit tout». Ce prince argien de la mythologie avait, dit-on, cent yeux, pour la moitié toujours ouverts. Par extension, nom donné notamment au Catalogue Descriptif spécialisé.

Les objets classés dans cet Argus, qui tient lieu de catalogue, ne sont en général accompagné que d'un descriptif très succinct, laissant parler l'Image, constituant ainsi une Iconographie ordonnée de l'Exposition. En effet, les Images suivent un classement par catégories qui les lient les unes aux autres, sujet par sujet, dans un ordre logique dépendant d'une certaine Vision de l'Objet représenté.

LA «SILHOUETTE» ANTHROPOMORPHE

Série d'armes de prestige

Quelques raisons, liées à la symbolique de «l'Homme signé»[1] et à son Histoire, nous incitent à aborder cet inventaire descriptif par des «armes» ostentatoires, qui sont autant de «Signes anthropomorphes» dressant leur Silhouette dans l'Espace auquel elles appartiennent, ou bien encore, devenues «Signes d'Air», profilent un oiseau.

«Dans des Sociétés sans écriture, souvenons-nous que tout est écriture: nos armes sont presque toujours liées à la parole, par la forme des lames ou la sculpture des poignées, par les marques guillochées et les incrustations d'autres métaux.»[2]

Nous ne reproduisons ici que des «armes» de prestige, qui n'ont essentiellement d'autres fonctions qu'honorifiques, étant les insignes de «l'Elite» ou de potentats, confirmant ainsi leur autorité, tout en servant, à l'occasion, des objectifs moins pacifiques».

Entre le Glaive, «instrument de la Vérité agissante», Substitut de la «force solaire», et le Couteau, lié entre-autres au symbolisme du Fer, l'arme africaine obéit aux mêmes principes, avec ce «sens phallique» d'énergie génératrice que la psychanalyse accorde à «l'arme blanche».[3]

Avec la Massue (ou casse-tête), qui peut avoir, comme les précédents, celui de la foudre, ce sont les «symboles axiaux, ascensionnels, de «l'Homme vertical», établissant avec lui cet «Axis Mundi» qui lie la Terre au Ciel, le Monde de l'Air aux Mondes inférieurs.

«Les glaives tournoyants comme des flammes gardaient le chemin de l'Arbre de Vie»
Genèse III, 24

«Le Glaive tournoyant faisait surgir des éclairs semblables à ceux de la foudre»
Genèse III, 24[4]

De tels propos, tirés de la Genèse, démontrent bien l'universalité de l'Archétype, qu'étaye encore l'exemple des Bushong du Kasaï «qui se faisaient appeler «peuple de la lumière» par allusion à leurs couteaux qui brillent»,[5] alors que, pour eux, le minerai de fer était mythiquement considéré comme une déjection de la Divinité.[6]

On découvre ainsi toute l'importance Symbolique donnée à ce type d'objets, en ajoutant que l'Arme, indissociable de la vie culturelle, est née avec l'outil et que, rendue cérémonielle, elle confirme, dans les Regalia, le Pouvoir Royal et Sacré. De plus, une Arme est encore, tel un Signe du Zodiaque, le symbole du mois de naissance dans l'Astrologie Arabe.

Mais la raison principale de notre choix reste l'esthétique spatiale de sa Silhouette: «Axe du Monde» avec l'Homme debout, aux mêmes titres que l'Arbre ou la Montagne dans les religions primordiales. Ainsi nous le montre ces étonnants dessins rupestres de la Ligurie préhistorique.[7]

1. «Couteau» anthropomorphe
Ethnie Lobala
Zaïre—Centrafrique

2. «Couteau» à stylisation humaine
Ethnie Monjemba-Teke
Zaïre—Congo—Centrafrique

3. «Couteau» à figuration humaine
Ethnie Konda
Zaïre

Les bras levés vers le ciel comme ces figures en fer Dogon qui «attirent la foudre et appellent la pluie».

4. «Couteau» à gaîne
Ethnie Nkutshu
Zaïre

L'aspect anthropomorphe est souligné par des «arcades sourcillières». Retrouvant l'archétype classique dans la représentation stylisée du visage, la gaîne présente une parenté formelle avec l'image du reliquaire Kota, ou encore avec celle de la palette de l'Ile de Pâques (voir n° 76).

5. «Bâton» de danse «Vibiozo»
Ethnie Ngoni
Zambie—Malawi

Représentation symbolique de la femme. Synthèse de la féminité qui est rendue par les deux seins et la légère cambrure donnée à l'objet.

CORPS DE RESONANCE

De quelques instruments de Musique

«L'oeil entend, l'oreille voit»
Métaphore surréaliste

L'instrument musical des peuples «Premiers» qu'ils soient africains, océaniens, amérindiens, ou encore témoins de l'aube des temps, révèle un monde de formes riches en symboles confondus, reliant entre autres la Terre et l'Homme, le monde des morts à celui des vivants, les mythes à l'histoire. Mais tous restent étroitement liés au verbe, à la parole, à la valeur du son.

Nous ne parlerons pas ici du pouvoir thérapeutique réel du son,[8] ni ne développerons ses identifications au cosmique ou encore au céleste comme «Musique des Dieux». Nous nous contenterons de citer le classique Chuang-tzu Taoïste qui décrit la musique comme «engendrée dans les trous et les creux de la terre». Pensons à ces populations d'Amazonie qui dansent un rythme particulier sur le sol creusé à cet effet et recouvert d'une peau, la «Terre-Mère», elle-même constituant le «corps de résonance».[9] C'est la première «Voix du Tambour», le «Tambour qui parle».

Le Tambour

Si la percussion était considérée comme l'expression des passions et donc dyonisiaque pour la Grèce antique ou encore satanique pour les Pères de l'Eglise, parce qu'elle représentait, au même titre que le souffle des instruments à vents, l'organe spécifique des anciens rites païens, la voix du tambour occupe une place privilégiée chez les peuples premiers où elle est à la fois message et symbole.

De plus, la percussion rythme la vie comme ce rythme à deux temps: celui du coeur.[10] On pourrait dire: «le pouls du tambour», issu de ce «corps de résonance» type. Les Bakongo ne se servent-ils pas de leur propre corps pour la percussion et ne disent-ils pas «frapper son corps comme un tambour».[11] Symbole du ventre féminin, comme ce «ventre du tambour» au Burundi où toutes les parties constituantes de l'instrument sont liées au thème de la fécondité, c'est surtout et au delà du corps physique, le «Ventre de la Terre-Mère». Mêlant la terre et l'eau, principes féminins par excellence, les premiers tambours auraient été faits d'argile cuite. On en retrouve entre autres dans les civilisations de l'ancien Pérou.

6. Tambour (membranophone)
Ethnie Kuba
Zaïre

Ce tambour est orné à sa partie supérieure d'une stylisation géométrique en relief, sorte de «front» surplombant un nez plus respectueux de vérité anatomique et dont les narines pourraient évoquer les ouvertures des deux cornes d'antilope si souvent représentées sur ce genre de tambour. Les narines, généralement considérées comme faisant partie des sept orifices humains d'ouverture avec leurs qualités interprétatives propres, sont évidemment en relation directe avec le cerveau ainsi qu'avec l'air qu'on respire ou qu'on souffle. Il n'est donc pas étonnant que, dans la symbolique Songye, ces deux cavités représentent, entre autres et par analogie, les trous du soufflet de forge.

Trouvé dans la région de Mweka, ce tambour appartenait à un vieux musicien aveugle qui en jouait à l'ancienne Cour du Roi Bushong.

Reproduit dans:
«Sounding Forms», The American Federation of Arts, New York, 1989, p. 112, fig. 44.

7. Joueur de tambour
Ethnie Yaka-Nkanu
Zaïre

«Je ne pourrais croire qu'à un Dieu qui saurait danser.... Maintenant je suis léger, maintenant je vole, maintenant je me vois au dessous de moi, maintenant un dieu danse en moi»

Nietzsche[12]

Dans une statuaire plutôt orientée vers l'ordonnance statique et la verticalité, la sculpture «en mouvement» est relativement rare en Afrique.

Celle-ci représente le musicien qui rythme et scande les danses accompagnant les cérémonies liées à la circoncision. L'attitude ludique du tambourinaire est renforcée par la position en diagonale du sujet qui rompt ici avec la frontalité habituelle. La composition sculpturale est issue du triangle-rectangle.

Quant à la position des bras, étendus, les doigts écartés, c'est la même attitude que celle «désignée par certains chorégraphes sous le nom: «les mains-jazz», variante du geste Kongo américain: Le Yangala».[13]

Reproduit dans:
«Sounding Forms», The American Federation of Arts, New York, 1989, p. 185, fig. 161.

La «Harpe»
Si le son du tambour, autant que celui d'un instrument à vent, exprimait les passions et donc dionysiaque pour la Grèce antique, la musique des instruments à cordes, par contre était appréciée comme apolinienne et d'ordre cosmique: «Cette musique qui fait partie de toutes les choses», la «musique des Dieux». D'ordre céleste aussi pour l'Eglise du Moyen-Age, elle chantait la Vierge, autre «Mère de l'Humanité» et les Anges, ces «messagers du Ciel».

Quant à l'Afrique, le cordophone, principalement la harpe, accompagnait le chant, et le son, allié au pouvoir magique du Verbe, renforçait le thème mélodique. La harpe du Nord-Zaïre, associée à la Magie, servait les rites divinatoires, ou encore, rendue anthropomorphe «chantait les louanges des Chefs ou du Roi Mangbetu». Quant au barde, on préférait l'Aveugle à tout autre musicien,[14] lui accordant un sens supplémentaire, une perception particulière.

Le style sculptural particulier de la harpe Mangbetu évoque celui de l'instrument égyptien de haute époque. De plus, un autre parallèle, concernant, lui, la gestuelle du joueur a été établi avec l'iconographie de l'Ancienne Mésopotamie.[15]

Comme le tambour Kuba (reproduit plus haut), avec l'emploi partiel d'éléments anatomiques liés au symbole et «en un certain ordre assemblés», nous pouvons classer ce type de sculptures, de façon bien sûr arbitraire, dans la catégorie des objets d'esprit «surréaliste», pour celui qui désire «Construire» un «Ensemble», une «Collection» à thèmes.

8. Harpe anthropomorphe
Konde—Domu—Nedumu
Ethnie Mangbetu
Zaïre

Reproduit dans:
«Primitivism», Museum of Modern Art, New York, 1984, p. 309.
«Sounding Forms», The American Federation of Arts, New York, 1989, p. 86, fig. 2.

Le Tambour à friction de Nouvelle-Irlande
Cet instrument particulier, non seulement par son emploi, mais aussi par sa découpe, figure «l'Oiseau des Morts» et servait dans les rites funéraires. Nommé Livika (de Vika = oiseau), il était frotté de bas en haut par un joueur, les mains enduites de résine. Dissimulé dans une hutte aviforme, il produisait un son lugubre évoquant l'Esprit-Oiseau, propre à l'Océanie, en une succession confondue de trois notes.

De par sa forme générale, il suggère, en plus de celui du volatile, «l'Oeuf cosmique» ou primordial symbolisé par de nombreuses cultures des origines, traduction des mythes anciens de la Genèse du Monde.

Les trois parties qui divisent l'objet et qui donnent le son délimitent les ailes, les pattes et la queue de l'oiseau dans un «rendu» du relief par le creux, recherche que n'aurait pas désavouée un sculpteur contemporain comme O. Zadkine (voir le «Relief par le Creux»).

Un parallèle formel pourrait d'ailleurs être établi avec certaines créations actuelles, notamment avec celles de Henry Moore, de Barbara Hepworth ou encore de Brancusi.

9. Tambour à friction zoomorphe
Panaras
Côte Ouest de la Nouvelle-Irlande (Océanie)

Récolté par Enders en 1915, anciennes collections du Musée de Dresden.

Reproduit dans:
«Primitivism», Museum of Modern Art, New York, 1984, p. 309, vol. 1.

10. Idiophone à touche métallique
Ethnie Lunda
Zaïre

Voir le «Tracé de la Terre-Mère».

LA REPRESENTATION ZOOMORPHE

Dans un ouvrage principalement consacré à l'Oeuvre de l'Homme autant qu'à l'Homme dans l'Oeuvre, nous ne pouvions manquer d'exposer quelques témoins de la représentation zoomorphe. L'Homme n'est-il pas finalement cet animal qu'on dit évolué? Dépassant le stade du «signal», il est devenu cet Animal à «signes», cet «Animal signé»[16] par l'Image et le Symbole.

Il participe, comme dédoublé, à ce rite animalier de «Possession», proche de l'envoûtement, qu'on nomme «Magie sympathique» si souvent représenté sur la paroi des grottes préhistoriques où il sublime les bovidés d'un rituel initiatique, tout comme le Bambara qui sculpte et enduit son «Boli» de miel et de sang, identique à celui qu'on a percé de flèches dans une caverne de la Dordogne ou de l'Ariège.

Très présent dans le Chamanisme, à la base du système totémique, l'animal devient le double de l'Homme par identification ou par affinité particulière, et le double des Dieux dans le bestiaire fabuleux des mythologies. Pris d'abord comme intermédiaire de la divinité chez les indiens d'Amérique du Nord, l'Animal devient le frère de l'Homme, son double totémique. Le mot Totem d'ailleurs ne vient-il pas de l'Algonquin: «Ottoteman»—«il est de ma parenté.»[17]

«Au commencement de toutes choses, la sagesse et la connaissance appartenaient aux animaux; car Tirawa, «Celui d'en Haut», ne parlait pas directement à l'Homme. Il envoyait certains animaux pour dire aux hommes qu'il se montrait lui-même au travers des bêtes, et que d'elles et des étoiles, du soleil et de la lune, l'Homme devrait apprendre.... Tirawa parlait à l'Homme au travers de ses oeuvres»[18]

11. «Ensemble» de deux figurations d'oiseau[19]
Ethnie Senufo
Côte d'Ivoire

Porteur de ses petits, comme le groupe ethnique l'est des membres de son clan, cet oiseau, «Signe d'Air»[20] vient parfois couronner la hutte du meilleur agriculteur.

12. Statue aviforme
Ethnie Senufo
Côte d'Ivoire

Oiseau «porpianong» qui représente vraisemblablement le calao. Participant aux rites agraires, c'est un symbole de fécondité liée à la fertilité. Le bec doit être ici considéré en tant que principe mâle fécondant le ventre, principe femelle.

L'image nous suggère quelques rapprochements, non seulement avec Thot, le dieu lunaire égyptien à forme d'ibis, mais aussi celle du pélican de l'Eucharistie qui nourrit ses petits de sa chair et de son sang. De même le bec du «calao» Senufo ainsi que ceux des figures 22 et 23 rappellent le croissant lunaire.

Remarque
Ces comparaisons ne constituent évidemment que des parallèles, soit de formes, soit d'idées, affinités qui font partie des formules associatives proposées au cours de cet ouvrage.

Reproduit dans:
Bastin, M. L., «Introduction aux Arts d'Afrique Noire», Arnouville, 1984.
Ed. Mazenod, «L'Art Africain», 1988, p. 376, fig. 330.
Koloss, H. J., «Die Kunst der Senufo», Museum für Völkerkunde, Berlin, 1990.

13. «Couteau» à tête d'oiseau (Calao?)
Ethnie Kota
Gabon

Arme de parade autant que cultuelle, elle est souvent classée abusivement comme forme évolutive dans la catégorie des «Couteaux de jet». Cette fonction reste toutefois problématique, basée d'une part sur de vagues informations locales qui tendraient plutôt à exprimer la matérialisation du symbole et, d'autre part, sur l'arbitraire des classifications généralisatrices.

Complément de l'anthropomorphe, l'Arme zoomorphe vient doubler l'Homme de sa qualité totémique, ou encore par la figuration de l'Oiseau, «Signe d'Air»,[21] lui assurer sa participation à l'Ordre cosmique dans le secret désir qu'il a d'Espace sinon d'Elévation. Ajoutons que l'Oiseau peut être aussi le messager des Esprits, symboliser cet Espace justement qui leur est réservé.

14. Masque figurant un oiseau
Ethnie Makua
Frontières Tanzanie-Mozambique

De par sa forme adaptée à celle du visage, ce masque suggère en même temps et l'Oeuf et l'Oiseau.

Reproduit dans:
«Arts d'Afrique Noire» n° 75, 1990, Leurquin-Meurant, «Tanzanie méconnue» 2ème partie, p. 40, fig. 6.

15. Masque-cimier
Ethnie Ijo
Nigéria

Ce masque, combinant et l'Homme et le Crocodile, est porté lors des cérémonies de deuil. Le mort est alors supposé «renaître» en crocodile, retrouvant ainsi les grandes croyances à la métempsycose. A la verticale l'objet exprime l'homme, à l'horizontale le crocodile.

16. Masque Aviforme
Ethnie Ijo
Nigéria

Ce masque porté en cimier figure plutôt l'oiseau, alors que, frontal, il est la combinaison mythique de cet oiseau, de l'homme et du bélier. Comme assez souvent en Afrique et selon un «vocabulaire» symbolique propre à chaque région sinon à chaque ethnie[22] l'Homme et l'Animal se trouvent ainsi confondus dans un seul et même objet qui emprunte à chaque règne, à chaque espèce des éléments spécifiques soutenant le symbole, renforçant le pouvoir évocateur.

Reproduit dans:
«Chefs-d'Oeuvre inédits de l'Afrique Noire», Bordas, 1987, p. 167, fig. 130.

17. Statue de canidé ou de chacal
Ethnie Abomey or Yoruba
Dahomey

A destination funéraire, comme la représentation du dieu Egyptien Anubis, cette statue, surmontant un pieu, figurait le gardien des Morts et des cimetières. Une fois de plus, un parallèle évident avec l'Egypte ancienne peut être ici établi.

18. Masque-buffle
Ethnie Mama
Nigéria

Ce genre de cimier, décrit comme figurant soit le buffle, soit le taureau, participe entre autres au culte des Ancêtres. Esprit du Feu, il est alors l'Ancêtre forgeron. Il peut aussi représenter, sans doute en tant que buffle, l'esprit de la forêt «Zumu», ou encore, en tant que taureau, prendre part aux rites agraires (Mangam). Il nous faut souligner que les bovidés, dans la représentation zoomorphe, sont parfois confondus, sauf dans l'application des rites agraires ou de chasse au cours desquels l'espèce est plus précisée.

Selon notre système associatif (voir remarque), il peut rappeler les figurations du Taureau égyptien Apis, celles du Serapis de la Méroé Nubienne ou encore les cultes anciens du Taureau au Proche-Orient comme celui de Mithra, ou dans le bassin Méditerranéen comme celui du Minotaure[23]

Reproduit dans:
«Masques du Monde», Société Générale de Belgique, 1974.
«Arts premiers d'Afrique noire», Crédit Communal de Belgique, 1977.
Bastin, M. L., «Introduction aux Arts d'Afrique Noire», Arnouville, 1984.
«Utotombo», Palais des Beaux-Arts, Bruxelles, 1988.

19. Masque figurant un requin
Ethnie Bidjogo
Archipel des Bissagos-Guinée

Issu d'une société de pêcheurs, ce type de masque prend part aux rites initiatiques.

Le «Rendu» sculptural de ce requin, animal profilé pour l'attaque, est saisissant de vérité.

Deux figurations de tortue

De Terre, d'Eau et d'Air, mâle et femelle, le symbolisme de la tortue s'étend sur un vaste registre. Principe Terre par la partie plate de sa carapace, qui touche le sol, et ciel par la partie bombée, elle est, dans son entier, la médiatrice entre ces deux principes.

Par sa durée de vie et lui accordant les attributs de l'immortalité et de la connaissance, elle intervient dans la divination ou encore, en tant que cosmique, dans les mythes de la Création du Monde. Sensée contribuer à la fertilité des eaux, elle devient en Océanie la Tortue des grandes migrations.[24]

20. Siège en forme de tortue
Ethnie Senufo
Côte d'Ivoire

Siège en forme de tortue réservé aux femmes. Par sa forme générale, il rappelle les pendentifs ou les bagues en bronze reproduisant le même sujet et qui concernent l'initiation en pays Senufo.

21. Plat figurant la tortue aquatique
Iles Fidji
Polynésie

Récipient à «Kava»,[25] cette boisson cérémonielle qui est à la Polynésie ce que la chique de betel est à la Mélanésie. On peut dire que la consommation de «Kava» fait partie de la Culture et prend une place de première importance dans les règles strictes de l'Hospitalité pratiquée par une société hautement hiérarchisée. «Le plat à «Kava» est au centre de cette cérémonie séculaire d'une importance capitale. ... Ici nous sommes devant l'essence même de la tradition immémoriale.»[26]

Quatre sujets zoomorphes

La figuration animalière, pareille à un «Reflet de l'Homme», soulignant ses vertus comme ses tares physiques ou morales, servit bien souvent dans les satires et les apologues de nos sociétés occidentales, d'Esope à La Fontaine, qui nous rappellent, par leurs paraboles les sources orientales de cette «Imagerie» populaire zoomorphe.

La figuration zoomorphe en Afrique peut, de la même façon et au delà du Totem, intervenir comme insigne de sociétés initiatiques tout en conservant son caractère de symbole souligné par un dicton approprié. Personnifiant le symbole et selon des qualités ou des défauts qu'on attribue tant à l'Animal qu'à l'Homme qu'il représente, les figurines Lega appartiennent à une société initiatique hiérarchisée: l'institution associative du Bwami. Chacune de ses figurines, avec son type particulier et sa signification didactique propre, correspond à un grade dont elle détermine ainsi l'appartenance.

Sculptures schématiques, parfaits exemples de ce que l'esthétique allemande appelle «Kleine Plastik», ces statuettes de petite dimension peuvent être considérées comme l'aboutissement d'une «synthèse minimaliste» où le maximum d'effet est donné avec un minimum de moyens.

22 & 23. Figurations d'Ibis
Ethnie Lega
Zaïre

«C'est un oiseau qui chante pour les termites»
Aphorisme Lega

L'Ibis «Kakulikuli» personnifie le «Volubile», le «Loquace»,[27] ou encore l'aîné de la lignée.

24. Figuration de chimpanzé
Ethnie Lega
Zaïre

Le chimpanzé «Nsoko» personnifie le «Vieux Sage».

25. Figuration d'une grenouille
Ethnie Lega
Zaïre

La grenouille «Kitende» personnifie le néophyte au début de son initiation ou encore «l'Idiot».

«Une grenouille qui n'avait jamais quitté le fond d'un puits, ne s'en croyait pas moins savante: elle répétait doctement que le ciel n'est certainement pas plus grand que la bouche du puits»
P. Davaine[28]

Seraient-ce des masques de strigidae?

En supposant qu'il s'agisse bien de la représentation humanisée de ces rapaces nocturnes et quelques éléments tendent à confirmer l'hypothèse, nous pouvons dire que le hibou et la chouette, souvent confondus, ont une symbolique chargée. «Diaboliques», portant le «Mauvais Oeil», ils étaient crucifiés aux portes des maisons du Monde occidental chrétien. Par contre, pour la Grèce antique, la chouette, emblème d'Athéna, symbolisait, comme la déesse, «la réflexion qui domine les ténèbres»[29] et «la connaissance rationnelle». Au delà de la sorcellerie primaire et des superstitions, le strigiforme[30] est non seulement gage de sagesse, mais aussi de clairvoyance et donc associé à la divination. «Seigneur de l'Obscurité», «Dieu de la Nuit» lié à la vie mais aussi à la mort, on lui accorde parfois une fonction psychopompe, comme le chien sauvage ou le chacal.

Parce que nocturne, il voit la nuit et que prédateur, il fond sur sa proie, le strigidae peut être considéré dans certaines régions d'Afrique, comme l'un des «Maîtres de la Forêt» ou l'un des «Grands Anciens», mais il n'est pratiquement jamais représenté parce qu'il touche à la divination comme à la sorcellerie. Seule sa face caractéristique, portant parfois les aigrettes du hibou, semble avoir inspiré un certain type de masque ou même marqué un certain style.

26. Masque
Ethnie Bembe
Zaïre

Masque Eluba des rites initiatiques de la circoncision (Butende). Le double regard peut suggérer l'ubiquité, la «double vue», liée souvent à la divination ou encore être l'expression de «l'Animus-Anima» (cf. Jung) (voir n° 64). Ce type de masque peut porter en excroissances les deux aigrettes du hibou, lesquelles ne peuvent être confondues avec les cornes qui le surmontent parfois.

Reproduit dans:
Le Marché des Arts et des Antiquités, Les Arts Primitifs (A Paris et en Belgique), Plaisir de France, février 1974, 40e année, n° 416, fig. 6.
Neyt, Fr., «Arts Traditionnels et Histoire au Zaïre», Université Catholique de Louvain, 1981, p. 308, fig. XV.5.
Bastin, M.-L., «Introduction aux Arts d'Afrique Noire», Arts d'Afrique Noire, Arnouville, 1984, p. 358, fig. 383.

27. Bouclier
Ethnie Bembe
Zaïre

Bouclier miniature à double visage. Associé aux masques de «l'Elanda», société initiatique complémentaire à celle du «Bwami». Dans la sculpture du masque supérieur, on peut reconnaître le dessin caractéristique d'un bec de hibou.

28. Masque
Ethnie Yaka-Nkanu
Zaïre

Masque des rites initiatiques qui sont liés à la circoncision. Les deux similicornes qui le surmontent pourraient être les deux aigrettes du hibou. Quant au bec, il semble bien être celui du rapace.

Reproduit dans:
La Meuse–La Lanterne du Mardi 16.3.1965 (?)
Neyt, Fr., «Arts Traditionnels et Histoire au Zaïre», Université Catholique de Louvain, 1981, fig. VI.5.
Bourgeois, A. P., «Art of the Yaka and Suku», Ed. Chaffin, 1984, p. 16 et 189.

LA FORME ET LE FOND (STYLE ET SYMBOLE)

L'implication ethnologique (voir «La Quête»)

Hors de son milieu, retiré de son contexte, non seulement géographique mais aussi social, l'objet perd son identité culturelle. De la panoplie du «colonial» au mur du «collectionneur», associé aujourd'hui à l'art contemporain, on tend à oublier la relation de l'objet africain avec son milieu d'origine, négligeant sa destination première et son mode d'emploi, faisant abstraction de l'évidente implication ethnologique. Il nous faut imaginer la statue dans l'ombre d'une case, ou le masque qui danse, habillé, dans son propre décor, créant ainsi la dynamique d'une «Sculpture en mouvement».

Avant d'être «Oeuvre d'Art», l'objet créé obéit donc d'abord à des impératifs culturels et traditionnels, mais qui n'excluent pourtant pas l'expression éventuelle d'une personnalité créatrice influant sur le style, la création d'un «maître-objet» par un «maître de style» (voir Créateur de Style).

Avant les descriptifs sommaires du Catalogue, nous donnons ici l'exemple d'analyses plus spécifiques. L'implication ethnologique est soulignée dans l'examen de quelques objets particuliers où la forme est associée au fond et le style au symbole.

29. Masque («Kifwebe») rond
Luba-Katanga
Zaïre

«Le masque est une sculpture en mouvement»
Axiome

Le masque ou «Kifwebe» Luba, apparenté à celui des Songye, non seulement par la forme, mais aussi par l'esprit, procède d'une symbolique complexe, pratiquement identique à celle de leurs voisins frontaliers dont ils partagent le même sang, la même histoire, le même ancêtre: «Kongolo». Le masque rond reproduit ici est pourtant propre aux Luba et participe à des rites lunaires différents de ceux des Songye chez lesquels alors le masque n'intervient pas. De plus, le «Kifwebe» rond comme celui-ci se montre en paire, pour former le couple masculin-féminin, mâle-femelle. Ajoutons que, d'après une légende locale, sa forme extérieure serait inspirée de celle de la calebasse.

Quant au masque strié en général, qu'il soit Luba ou Songye, il traduit des archétypes universels comme la «caverne-matrice» ou la dichotomie «Soleil-mâle», «Lune-femelle». Les stries du «Kifwebe», «lignes de force», transcrivent en effet le trajet qu'ont suivi les Ancêtres originels, les premiers «Esprits», pour sortir du ventre («Kalunga») de la Terre-Mère.[31] De plus, selon le principe du symbole dichotome, le côté droit du masque exprime le «masculin-solaire», le côté gauche le «féminin-lunaire».

Sculpture parfaitement ronde, de conception à caractère dynamique, l'objet est incisé de lignes courbes parallèles, «lignes de force» qui viennent encore souligner son apparence cinétique.

Originaire d'un pays peu montagneux, de plateaux, aux frontières de savanes boisées et de forêts sèches, ce masque se produisait dans une région riche en zèbres. Un tel environnement ne pouvait qu'influer sur la création d'une telle oeuvre qui offre un parfait exemple de sculpture intégrée au milieu géographique.

Reproduit dans:
Lehuard, R., «La Collection Mestach», Arts d'Afrique Noire n° 4, 1972.
Neyt, F., «Arts Traditionnels et Histoire au Zaïre», Louvain, 1981.

Ensemble de quatre objets striés
«Rencontre» de trois objets Songye et d'un bouclier australien mis en parallèle.

30. Masque «Kifwebe»
Ethnie Songye-Katanga
Zaïre

Ce masque adopte une symbolique générale commune avec le «Kifwebe» de leurs voisins Luba (voir commentaires n° 29), mais il ne participe pas aux rites lunaires. Pour célébrer la nouvelle lune, les Songye sortent plutôt les grandes statues de Communauté. Elles participent alors au rituel nocturne, actionnées par des «prêtresses» manipulatrices.[32]

«La lune est le soleil des statues»
J. Cocteau

Cette pensée exprimée à propos de l'oeuvre peinte de G. de Chirico, pourrait tout aussi bien convenir à la statuaire Songye exposée les nuits de pleine lune. Quant au masque reproduit ici, c'est le «Kia Ndoshi», le masque le plus puissant de tous, «le plus chargé de magie» et qui ne sortait que rarement du «Kiobo» (case à masques). De conception plus statique que le précédent (n° 29), qui est, lui, essentiellement «dynamique», il a, en projection, la même structure monumentale, et en volume et en plans, que la tête du «taureau ailé» assyrien de Khorsabad. C'est donc ce que nous proposons comme exemple d'Art Monumental africain.

31. Masque
Ethnie Songye
Zaïre

Voir le «Tracé du Sol».

32. Bouclier
Ethnie Songye-Katanga
Zaïre

Conservé dans la case à masques («Kiobo»), ce bouclier «Ngabo» à caractère initiatique, pouvait à l'occasion intervenir dans les cérémonies ou dans les danses masquées. Comme un «Blason» de la société secrète des masques: «Bwadi ka bifwebe», le bouclier est en quelque sorte l'équivalent de «l'Ecu» du moyen-âge occidental. Les stries, «lignes de forces» de la sculpture et constituant sa dynamique, décrit également le trajet des Grands Ancêtres spiritualisés (voir aussi n° 29).

33. Statue masquée
Ethnie Songye-Katanga
Zaïre

Cette statue «Kankenze» est ici porteuse de «l'Esprit» représenté par le masque. Elle exerce un pouvoir protecteur, non seulement sur la société des masques qu'elle incarne, mais aussi sur le reste de la communauté.

34. Bouclier d'Australie

Constituant un parallèle évident, non seulement formel mais aussi symbolique, avec le «Ngabo» Songye, ce bouclier des aborigènes d'Australie, comme leur «Churinga» décrit les tracés des «Anciens du Temps du Rêve» (voir les «Trajets du Temps du Rêve»).

35. Bouclier
Arawe
Nouvelle-Bretagne

Voir le «Tracé anthropologique».

36. Plat à aliments
Lac Sentani
Nouvelle-Guinée, Mélanésie

Envers d'un plat à aliments. Le décor sinueux, en «arabesques», caractéristique du style veut exprimer à la fois le Ciel et l'Eau tout autant que les nuages, les rêves et les «Esprits» lesquels se singularisent ici par de petites mains bordant le plat (voir aussi n°s 20 et 21).

Nuages, Rêves et «Esprits» se trouvent d'ailleurs souvent associés dans la démarche créatrice.

37. Masque «aveugle»
Ethnie Lega-Maniema
Zaïre

Ce pseudo-masque est l'un des symboles de la société du Bwami. Celle-ci est basée sur un système d'éthique dont certains fondements sont soulignés par des adages et des dictons qui sont illustrés par une statuaire complexe (voir n° 22–25) contenue dans des paniers collectifs appartenant aux différents grades de cette société hiérarchisée. Des masques de petites tailles comme celui-ci se retrouvent parmi les insignes du Bwami.

Ce masque, loin d'être personnalisé, exprime la non-existence. Sans bouche, «il n'a pas le Verbe», sans yeux, «il n'a pas la Vision», il a perdu son humanité et ne représente plus qu'une Idée, qu'un Signe, qu'une «abstraction». Cette «non réalité» est d'autant plus perceptible, plus significative, qu'il semble y avoir souvent une «recherche d'expressivité» dans la création d'un masque Lega. Le sculpteur alors décale les yeux, exagérant cette asymétrie que l'on retrouve dans le visage humain.[33] Cette recherche semble unique dans l'expression sculpturale africaine.

Dans cette oeuvre de synthèse, très proche des recherches minimalistes, le maximum est dit avec un minimum de moyens. Le «Less is More» du «Minimal Art» nous rappelle d'ailleurs le précepte «Rien de Trop» qu'imposait une des sept maximes grecques de la Sagesse Apollinienne à Delphes (voir aussi n°s 22–25).

Ce pseudo-masque semble décidément traduire un sentiment de déshumanisation par la mort, la même impression que l'on peut ressentir à la vue d'une tête des cyclades ou d'une de ces sculptures de la préhistoire saharienne.

Reproduit dans:
Sura-Dji, «Visages et racines du Zaïre», Musée des Arts Décoratifs, Paris, 1982.
Fr. Neyt, «Arts Traditionnels et Histoire au Zaïre», U.C.L., 1981, p. 51, fig. III.5.

38. Statue «aveugle»
Ethnie Lega-Maniema
Zaïre

Cette statue également «aveugle» participait, selon l'information locale, aux rites initiatiques précédant la circoncision. Le traitement de la face correspond pratiquement à celui du masque, déjà commenté. Toutefois on décèle dans l'enduit qui la couvre, des traces de matières rapportées, peut-être des cauris, ce qui pourrait rendre facultative la «non-expressivité» du visage.

Le Relief de la statue est ici rendu par un effet de Creux, recherches rejoignant celles d'un O. Zadkine, ou encore proches de celles des Chinois dans leur langage pictural, c'est-à-dire la recherche du «Vide expressif» ou mieux encore «l'Expression du Vide» par opposition aux «Pleins».[34] (voir «Le Relief par le Creux»).

Reproduit dans:
F. Neyt, «Arts Traditionnels et Histoire au Zaïre», U.C.L., 1981, p. 55, fig. III.10.

39. Statue
Ethnie Lega-Maniema
Zaïre

Statue également asexuée et de même facture que la précédente déjà décrite (n° 38). Cette oeuvre était accompagnée de sa mention d'origine: «Kagalama ka Mulubungu», qui peut se traduire par: «Chef de la Maison des Hommes», celui qui a perçu le premier les «Choses». C'est la figuration de la première «Intelligence» qui a ressenti les «Choses» qui l'entourent par les Sens et par l'Esprit.

40 & 41. Masque-heaume (Kalunga) et son «couteau-serpe» (Ibemba)
Ethnie Bembe-Maniema
Zaïre

Les yeux en forme de «huttes» ou de «seins» cernés par les «étoiles», le masque Kalunga, appelé aussi «Mère des Jumeaux», donc à caractère gémellaire et à principe dominant femelle est toujours accompagné d'un porteur du «Couteau» à principe dominant mâle (Mulume ya Kalunga). Le côté rouge de ce couteau impose au masque qu'il accompagne son mouvement, le côté blanc son immobilisation et l'excroissance supérieure, sa direction.

«Kalunga» est un terme bantou important que l'on retrouve même dans l'ésotérie Songye où il désigne le «Ventre de la Terre-Mère».[35] Supposé hanter la forêt, le masque Kalunga est aussi «l'Esprit des Morts qui domine les empires souterrains».[36]

Comme la crosse pastorale des anciens meneurs de troupeaux, comme celle de Moïse ou celle d'Osiris qui guide et dirige, le «Couteau-Serpe», principe mâle, commande les mouvements du masque. Son sommet, portant une excroissance, lui indique la direction; son côté rouge lui impose le mouvement; son côté blanc, l'arrêt. Quoiqu'en forme d'arme ou d'outil, la courbe de sa silhouette symbolise une cavité orbitale.

La sculpture de ces deux objets indisso-ciables, ainsi que leur décoration ayant, elle aussi, une signification symbolique particulière, constitue un bel exemple «d'art de synthèse», ou, si l'on veut «d'abstraction».

Reproduit dans:
R. Lehuard, «La Collection Mestach», A.A.N. n° 4, 1972, p. 9.
P. Gossiaux, «Chez les Bembe», Trésors d'Afrique, 19, p. 41.
Actualité des Arts (en couverture), n° 3, novembre 1973.
M. L. Bastin, «Introduction aux Arts d'Afrique Noire», A.A.N., 1984, p. 358, fig. 382.
La Grande Scultura dell'Africa Nera (Exposition, Firenze, Forte di Belvedere, 1989), fig. 135.

«PFAHLPLASTIK»

42. Statue-tronc à quatre faces
Lega
Zaïre

Parmi les insignes de la société hiérarchisée du «Bwami» (voir n°s 22–25 et 37), ce type d'objet, le «Sabitwebitwe», symbolise la perspicacité, la sagesse et l'équité des membres de cette société en même temps que la vision multidirectionnelle.

Quant à la sculpture proprement dite, elle constitue, comme celle des deux objets suivants (n°s 43 et 44), un bon exemple de «Pfahlplastik», terme allemand qui désigne une sculpture où peut se retrouver la forme première du matériau dont elle est issue: le tronc ou la branche.

«Pfahlplastik» est le terme-clé de Carl Einstein pour désigner ce genre d'oeuvre dans le premier livre consacré à l'Art Africain en 1915: «Negerplastik».

43. Statue-tronc à quatre faces
Lega
Zaïre

Autre exemple de «Sabitwebitwe» (n° 42). Il peut être classé, lui aussi, dans la catégorie «Pfahlplastik» avec le même commentaire.

44. Statue
Kasongo
Zaïre

Cette statuette du style dit de Kasongo, qui fait partie de la statuaire Luba, est également un bon exemple de «Pfahlplastik». La forme première du matériau dont elle est issue y est encore décelable.

«GESTALT»

«Ensemble indissociable structuré»
Dictionnaire

45. Couple
Shamba
Nigéria

Comme sortant de l'arbre dont on devine encore la forme, ce «Couple Primordial» évoque les «Racines» du groupe ethnique. A principe gémellaire masculin-féminin, l'objet est sensé protéger les jumeaux. Issu d'un même tronc, uni par un même buste que supportent deux jambes, ce couple est un parfait exemple du «Gestalt». Le «Gestalt» est cette Unité dans l'Ensemble des éléments constitutifs, cernant en même temps et l'Objet et l'Idée qu'il veut exprimer.

Tout autant «Gestalt» que «Pfahlplastik», cette statue peut s'accorder aussi avec l'art «Expressionniste» occidental.

Reproduit dans:
«Chefs-d'Oeuvre inédits de l'Afrique Noire», Bordas, Paris, 1987, p. 221, fig. 198.

46. Statue à double face
Lobi
Ghana

Les Lobi se divisent en deux groupes dont l'un, majoritaire, se localise au Burkina Faso; l'autre, minoritaire, vit au Ghana. C'est de cette région que provient la sculpture que nous reproduisons ici et qui se caractérise non seulement par l'audace formelle d'un «Imaginaire concrétisé», mais aussi et surtout par une remarquable maîtrise dans l'exécution. Nous pouvons dire qu'il s'agit d'un «Maître-Objet» réalisé par ce qui pourrait être un «Créateur de Style», qualités qui surpassent bien évidemment toute autre appréciation de catégorie, d'ancienneté ou de lieu, en rejoignant «l'Universel» (voir aussi n°s 109 et 110).

Avec ses deux têtes et la disposition particulière de ses quatre membres, cette statue semble se dédoubler, donnant l'impression de se diviser en deux personnages dos à dos où le féminin prévaut. Construite en Y grec, monoxyle, c'est l'expression même de l'androgynie et du principe «Animus-Anima» d'un «Gestalt» surréalisant (voir aussi n° 65). Cette composition rappelle en effet le thème Jungien de l'arbre (l'inconscient) qui se ramifie en couple, thème qui peut être pris comme la concrétisation de la dualité dans l'unité. C'est aussi le principe du Yin et du Yang de la philosophie chinoise, qui évoque, lui, l'union des deux complémentaires.

«EXPRESSIONNISME»

47. Grande statue
Songye
Zaïre

Provenant du sous-groupe Bena-Kibeshi, cette sculpture fut ramenée en 1910 par le Gouverneur général Heenen auquel elle fut remise en signe de soumission. Statue principale de la communauté, elle présidait aux rites de la fécondité.

Par son caractère doublement sexué, ce sujet, obéissant de plus à une symbolique complexe, pourrait, lui aussi, appartenir au système des représentations androgynes (voir n° 46), de même qu'il appartient déjà, et de par sa facture, à la grande famille des oeuvres «Expressionnistes».

Reproduit dans:
F. M. Olbrechts, «Les Arts Plastiques du Congo Belge», Editions Erasme, Bruxelles, 1959, planches XXXV et XXXVI, n° 172 & 176.
Actualité des Arts (en couverture), n° 3, novembre 1973.
Article dans «Le Soir» du 20 mars 1974.
Fr. Neyt, «La Grande Statuaire Hemba du Zaïre», Louvain-la-Neuve, 1977, groupe XII, page 356, n° 2.
«Primitivism», Museum of Modern Art, New York, 1984, tome 1, p. 134/135.
«Utotombo», L'Art d'Afrique noire dans les collections privées belges, Société des Expositions du Palais des Beaux-Arts, Bruxelles, 1988, p. 325.
Mazenod, «L'Art africain», 1988, p. 453, fig. 729 à 731.
«La Grande Scultura dell'Africa Nera» (Exposition: Firenze, Forte di Belvedere, 1989, fig. 117).

48. Masque «Mbangu»
Pende
Zaïre

49. Masque «Tundu»
Pende
Zaïre

Bien qu'autrefois voués au culte des ancêtres, les masques de la danse Mbuya devenue progressivement plus populaire que sacrée, sont les «acteurs» d'une sorte de «Comedia dell Arte» avec ses personnages «nobles» et ses «grotesques».

Dans la typologie des masques Pende, Mbangu est censé représenter l'épileptique tombé avec un côté de la face dans le feu. La face déformée et tordue pourrait traduire physiquement les stigmates d'une paralysie faciale ou d'un lupus (cf. masques de maladie).

Oeuvre «expressionniste» par excellence, c'est l'opposition, dans un même visage rendu volontairement asymétrique, de deux expressions distinctes, plastiquement différentes. Cette bivalence, soulignée par le contraste du noir et du blanc, traduit le caractère instable, alternatif, d'un sujet composite où transparaît la force brutale.

Le contraste blanc-noir symbolise aussi la dualité du Bien et du Mal. De la même façon le blanc, couleur des «Esprits» est confrontée au noir de l'«Absence» et du Monde des «Ténèbres», d'où l'appellation «d'Ensorcelé» donnée quelquefois au personnage représenté.

L'épilepsie est, d'une façon générale, considérée en Afrique comme une «Marque» de »Possession» par les «Esprits». Egalement en Occident, au Moyen-Age, la crise épileptiforme était le signe des «Possédés par les Puissances invisibles» d'où le diagnostic de «mal sacré», «mal d'en haut», «haut-mal»….

Chez les Songye du Zaïre, par exemple; les grandes statues de Communauté étaient manipulées de préférence par des femmes épileptiques qui, par leurs mouvements désordonnés ou leurs transes, assuraient la dynamique nécessaire à ces statues les nuits de la nouvelle lunaison.

Les sillons courbes, comme des rides, gravés sur le front blanc, viennent encore souligner cette «Marque des Esprits» qui caractérise le masque Mbangu.

Il n'est pas étonnant que cette oeuvre expressive ait appartenu au peintre gantois Frits Vandenberghe, Maître de l'Expressionnisme flamand et grand amateur d'art africain dans les années 1920.

L'autre masque représente Tundu, «le Noir», qui peut incarner d'une région à l'autre: le dément, le taré ou encore l'innocent du village auquel est dévolu un rôle clownesque.

Sculpté, dans un bois noirci, volontairement raviné, il pourrait être le frère du personnage en noir et blanc d'Edvard Munch qui «entend le Cri de la Nature».[37] C'est ce même noir permanent des ténèbres de l'esprit, ce monde incertain de la semi-folie.

50. Masque
Inuit
Alaska

Interprétation libre d'un porteur de ces «lunettes de neige» qui protégeaient de la réverbération du soleil sur la glace. Ce demi-masque sortait aux fêtes du printemps, célébrant la fin de la période hivernale et le début de la période de chasse. Connaissant l'humour propre à ce peuple, vivant pourtant dans des conditions climatiques très dures, on ne peut s'étonner de la qualité expressive de cette création.

«SURREALISME»

51. Boîte
Yorouba
Nigéria

Bien qu'André Breton, manquant selon toute vraisemblance de documents satisfaisants, n'ait pas inclus l'Afrique dans sa «géographie» du «Surréalisme», il n'en reste pas moins que quelques objets, certes plus rares qu'ailleurs, portent l'empreinte d'une certaine fantaisie libérante, expriment la personnalité d'un créateur, ou encore soient chargés d'humour très présent dans l'esprit africain quoique limité dans l'expression artistique par des contraintes soit cultuelles, soit traditionnelles. Comme premier exemple de cet art qu'on pourrait qualifier de «surréaliste», nous avons choisi ici une sculpture Yorouba qui trahit la personnalité de son créateur.

52. Casque
Ifugao
Philippines

Seul objet non africain de la série «surréaliste», ce modèle est inspiré du casque en fer d'un «Chef de guerre» espagnol de la fin du XVe siècle. Il était parfois orné d'une tête dite de «Terrible» destinée à impressionner l'adversaire et surmonté d'une plume (qui manque ici). Ajoutons que ces têtes de «Grotesques» ou de «Terribles» étaient de mode dans le monde occidental du Moyen-Age et du début de la Renaissance.

53. Coupe
Kuba
Zaïre

En forme de tambour, cette coupe porte le même indice nez-front que le tambour de la figure n° 6 dont elle semble être une réduction.

Reproduit dans:
«Art Kuba», Crédit Communal, Bruxelles, 1986, p. 5, fig. 11.

54. Pendentif
Kuba
Zaïre

Ornement Kuba, à figuration solaire, présentant un décor identique à celui de certaines boîtes à fard de la même ethnie.

Reproduit dans:
«Art Kuba», Crédit Communal, Bruxelles, 1986, p. 16, fig. 39.

55. Coupe
Suku
Zaïre

Coupe «Kopa» réservée au Chef de lignage ou aux notables. Malgré une apparente fantaisie dans la création, il s'agit pourtant ici d'une sculpture tradition-nelle.

Reproduit dans:
Bourgeois, A. P. «Art of the Yaka and Suku», Chaffin, A. & Fr., éditeurs, 1984, p. 59, fig. 30.

56. Récipient
Teita
Kenya

Réceptacle à médicaments ou à drogues, notamment celles destinées à favoriser la communication avec les «Esprits» et provoquer ces «Rêves induits», prémonitoires pour le devin ou inspirants pour le sculpteur (voir n° 59 et Les Trajets du «Temps du Rêve»).

57. Sifflet
Mossi ou Gurunsi
Burkina Faso

Plus novatrice est la sculpture de ce sifflet qui dépasse en «sensibilité formelle» les modèles classiques imposés par la tradition.

58. Cuiller
Dan
Côte d'Ivoire

Comme d'autres objets de cette série «Surréaliste», les seules parties anatomiques représentées sont les jambes, le reste du corps étant simplement sous-entendu. La tête est suggérée par la forme concave et fonctionnelle de la cuiller, la «Wunkirmian».

Servant lors des rites agraires féminins (les «fêtes du riz»), cet objet représent la «Grande Cultivatrice» «Wunkirlay» qui «en tous temps est disposée à cuire une quantité de riz pour la fête».[38] C'est donc conjointement un symbole de générosité dans la vie sociale.

59. Coupe
Mbuun
Zaïre

Objet remarquable par ses qualités plastiques et sa finesse d'exécution, cette coupe anthropomorphe ne servait que lors des rites d'intronisation.

Reproduit dans:
J. Delange, «Arts et Peuples de l'Afrique Noire», Galliard, 1967, fig. 134.
«Chefs-d'Oeuvre inédits de l'Afrique Noire», Bordas, Paris, 1987, p. 256, fig. 245.

60. Appui-nuque
Beneki
Zaïre

L'appui-tête, dont l'usage et la forme générale sont plus que probablement venus d'Egypte, s'est largement répandu dans toute l'Afrique Noire et principalement au Zaïre.

Provenant d'un atelier Beneki, une sous-ethnie Songye, ce «Support de rêves» était utilisé par le devin sinon par le sculpteur lui-même. La tête au repos de l'utilisateur de cet «oreiller» devient alors le prolongement naturel de cette sculpture acéphale. C'est la représentation d'un «Esprit», celui qui inspire dans des rêves induits dont il est le support (voir Les Trajets du «Temps du Rêve»).

61. Buste
Makonde
Tanzanie

Buste porté par le danseur masqué qui imite la femme enceinte.

62. Porte
Dogon
Mali

Porte de grenier qui fermait l'endroit réservé à la Femme. Le décor est fait de deux «seins» qui sont en même temps la représentation de deux silos à grains. Ce sont les symboles Dogon de la fécondité.

DOUBLE VISAGE OU «DOUBLE VUE»

«Tout mon corps n'est fait que d'yeux. Regardez-le, N'ayez pas peur, Je vois de tous côtés»
Shaman Eskimo[39]

63. Masque
Komo
Zaïre

Masque de case à deux visages qui évoque non seulement le couple primordial ou encore deux «Esprits» assemblés, mais aussi le principe dichotomique qui joint les opposés, exprimés par les deux couleurs; le rouge et le blanc. Soulignons que, chez les Komo, les masques dansent en paire lors de certains rites à caractère divinatoire et thérapeutique. Il n'est donc pas étonnant que les deux couleurs d'opposition: le rouge de la vie et le blanc de la mort mais aussi celui des «Esprits», se retrouvent ici confrontés.

Reproduit dans:
R. Lehuard, «La Collection Mestach», A.A.N. n° 4, 1972, p. 8.
Fr. Neyt, «Arts Traditionnels et Histoire au Zaïre», U. L. C., Louvain, 1981, p. 37, fig. II.9.
«L'Art Africain», Mazenod, p. 440, fig. 657.

64. Masque
Bembe
Zaïre

Masque à quatre yeux qui, selon la tradition locale, représenterait «le Chef spirituel de la communauté que surmonte l'Ancêtre protecteur», qui lui confère en plus de la sagesse, le don d'ubiquité (voir texte n° 26). Il n'est pas inutile de rappeler ici «l'Effet miroir», le second «Moi» qui se traduit par les quatre yeux des expressions archétypiques de «l'Anima» complémentaire.[40] Formule de l'Inconscient proche de certaines «Expressions hallucinées» de l'Art contemporain, des «Visions mescaliniennes» d'Henri Michaux (voir les Trajets du «Temps du Rêve») ou même encore du «Regard» volontairement «multiplié» d'une oeuvre de Picasso.

Cette «Vision» est encore soulignée dans la sculpture Bembe par un effet optique de «Vibration» obtenu par le traitement particulier du décor.

Reproduit dans:
Fr. Neyt, «Arts Traditionnels et Histoire au Zaïre», U.C.L., 1981, p. 309, fig. XV.6.

65. Masque
Lega
Zaïre

Comme une sorte «d'accouchement» sinon de «dédoublement» avec ce petit visage inversé lui sortant de la face et qui sert de tenon, ce masque Lega représente vraisemblablement le «Sakimatwematwe», celui qui voit (quelque chose ou quelqu'un) de l'autre côté d'une large rivière». Autre version archétypique de «l'Anima» ou de «l'Effet miroir» (voir n°s 26 et 64), souligné par l'idée sous-entendue du reflet dans l'eau. Comme le dit Jung:[41] «La perception du Soi provoque la Réflexion».

De même que pour les figures n°s 42 et 43, on remarquera la recherche de l'expression par le décalage asymétrique des yeux (voir aussi texte du n° 37).

66. Masque du Nord
Zaïre

Provenant d'une ethnie que l'on n'a pu déterminer avec exactitude par manque de références iconographiques, ce masque, d'exécution sommaire est néanmoins une oeuvre aboutie. Le traitement de sa surface qui en fait comme un «dessin de maître» par la qualité de son décor. Qualité née de l'arythmie voulue dans la division de la surface en valeurs contrastées (noir et blanc) et de la dynamique «picturale» de ce décor dans une forme générale plutôt statique.

Deux paires d'yeux se surmontant, les uns fendus, les autres ronds, assurent deux visions différentes, une «double vue».

67. Ecorce battue
Mbuti
Zaïre

«Ils connaissent les étoiles et les choses cachées»[42]

Nous connaissons la grande importance des astres, étoiles ou planètes dans les mythes archaïques. Il n'est donc pas exclu que le motif représenté ici soit à l'origine un symbole solaire de la même famille que le motif point-cercle (circle-dot sign), si souvent reproduit depuis la plus haute antiquité où l'interrogation incessante du Ciel était source de Symboles et de Signes. De plus ce dessin est curieusement semblable à celui de certaines gravures rupestres de Kiltierney en Irlande, gravures sur mégalithes dont nous n'ignorons plus aujourd'hui les rapports certains avec l'Astronomie[43] Serait-ce donc l'interprétation pygmée du Soleil observé depuis longtemps au travers des ouvertures de la forêt dense?

SYNTHESE ET «ABSTRACTION»

68. Masque «Satimbe»
Dogon
Mali

De structure géométrisante, où «le maximum est dit avec un minimum de moyens», cet objet est également un bel exemple de synthèse sculpturale (voir commentaires n° 37). Il incarne «Satimbe», la «Soeur des Masques». Ce qui nous rappelle que, dans certaines traditions africaines, le masque est supposé avoir été apporté aux hommes par la femme[44] qui est parfois présente dans le rituel, mais de façon occulte, symbolique ou encore suggérée.

Quant aux bras levés, ils correspondent à une symbolique complexe et forment cet «Axis Mundi» reliant la Terre au Ciel (voir n° 1, «La Silhouette anthropomorphe»).

Reproduit dans:
«Utotombo», Palais des Beaux-Arts, 1988, p. 119, fig. 3.

69. «Poupée»
Kuba
Zaïre

Bel exemple de «synthèse abstractive». Liant le ludique au didactique, ce type d'objet était exécuté par le sculpteur officiel pour son fils en bas-âge qui était promis à lui succéder; la fonction de sculpteur étant en principe, chez les Kuba, une charge transmissible. C'est en quelque sorte par contact permanent, par «osmose» que l'enfant acquérait l'essentiel de la conception sculpturale d'une tête Kuba, comme celles qui figurent sur les coupes de la même ethnie.

Reproduit dans:
«Art Kuba», Crédit Communal, Bruxelles, 1986, p. 9, fig. 38.

70. «Poupée»
Zaramo
Tanzanie

Appelée abusivement «poupée», cette sculpture «Mwana Hiti», est encore plus «abstraite» que la précédente. De forme à l'origine phallique, c'est une figuration ancestrale et un signe d'appartenance au clan qui se répète d'ailleurs comme un blason sur d'autres objets de cette région. Servant entre autres dans les sociétés initiatiques féminines, cette «poupée», comme la «poupée» Ashanti, est supposée aider à la fécondité.

71. Statuette
Zande
Zaïre

Statuette schématique «Yanda» de la secte «Mani». A fonction magique plus que religieuse, elle est considérée par la secte comme une individualité qui n'a de forme anthropomorphe que par analogie. On dit qu'elle a une existence propre: «on lui parle et on la nourrit». «Elle peut même mourir si on la néglige.»

Bel exemple de réalisation «abstraite» rendue «vivante».

Reproduit dans:
Fr. Neyt, «Arts Traditionnels et Histoire au Zaïre», U.C.L., 1981, p. 68, fig. IV. 6.
«Primitivism», Museum of Modern Art, New York, 1984, tome 1, p. 173.

72 & 73. «Stèles» funéraires
Mijikenda
Kenya

Effigies funéraires placées dans des enclos sacrés réservés aux morts. Ces stèles nous rappellent les civilisations à mégalithes des cultures maritimes dont elles sont vraisemblablement issues.

C'est un art côtier d'origine ayant subi des influences extérieures dont il a gardé ce décor marqué par l'Islam: le décor géométrique «en réserve».

74. Masque «poteau»
Iles Witu
Nouvelle-Bretagne, Océanie

Combinaison mythique de l'Homme et de l'Animal (voir n° 15) en même temps que reflet d'un Milieu volcanique (voir aussi n° 29). Seuls le nez et les yeux cachés par le raphia trahissent l'anthropomorphisme dominant.

Cet objet aurait tout aussi bien pu être classé dans la catégorie «Surréalisme» (voir plus haut). De même sa forme de cône, issue du triangle isocèle, aurait pu le faire ranger dans les «Formes fondamentales» (voir plus loin).

75. «Club»
Iles Salomon
Océanie

«Massue» de danse, de guerre ou de cérémonie.

Egalement «surréalisant», ce «club» d'Océanie, comme l'objet précédent, n'a pratiquement que le nez pour indiquer son caractère anthropomorphe.

76. «Pagaie» de danse
Ile de Pâques
Océanie

«Palette» de danse qui rappelle la pagaie. Double face et sexuée, cette forme archaïque, en bois de «Toromiro» qui a disparu de l'île, daterait d'avant le XVIIIe siècle. Exemple d'art «minimaliste», à la limite de «l'abstraction», où le maximum d'effet est exprimé avec un minimum de moyens (voir aussi n° 37). Comme la poupée Kuba (n° 69), c'est l'expression d'un Art de synthèse dans lequel l'Idée supplante l'Anecdote. Il n'est donc pas étonnant que cet objet ait appartenu au sculpteur Epstein.

Reproduit dans:
«Primitivism», Museum of Modern Art, New York, 1984, vol. 1, p. 202.
E. Bassani, M. D. McLeod, «Jacob Epstein, Collector», Associazione Poro, Milano, 1989, p. 48, fig. 62, cat. n° 589, p. 154.

77. Masque
Kwele
Gabon

L'expression d'une des deux grandes faces dominantes de ce heaume quadrifrons, réduite à l'essentiel, n'est rendue que par les yeux. L'autre face, plus anecdotique, est complétée par l'adjonction d'une bouche. Comme un «Gestalt» (voir plus haut), la sculpture dans son entier, avec ses quatre faces, exprime vraisemblablement une synthèse du groupe social.

Reproduit dans:
L. Perrois, «Arts du Gabon», A.A.N, 1979, p. 281, fig. 30&.
L. Plisnier & Ch. Haubrechts, «Un cheval pour un Royaume», Hebdomadaire de la Femme «ELLE» n° 1456, 14 novembre 1973.
Actualité des Arts, mensuel n° 3, 3 novembre 1973 (en couverture).

78. Statuette
Boyo
Zaïre

Avec ses deux faces, elles aussi réduites à l'essentiel, cette statue janiforme représente Alunga (Kalunga) avec un symbolisme parallèle à celui du heaume des Bembe (n° 40), mais d'un modèle plus archaïque. Alors que le heaume porte le nom de «Mère des jumeaux», la statue, elle, pourrait être la représentation de «L'Esprit» ancestral (le «Petit-fils») et être dédiée au culte des Ancêtres.[45]

Reproduit dans:
R. Lehuard, «La Collection Mestach», A.A.N., n° 4, 1972.

79. Masque
Mbole
Zaïre

D'après une information locale, ce masque aurait été «porté par celui (ou celle) qui était chargé de découper la chair provenant des pendus et qui devait être consommée rituellement par les initiés»(?). On sait que les Mbole pratiquaient la pendaison en cas de non-observance des règles strictes de la société secrète «Lilwa» (voir statue n° 84). D'après le même informateur, c'était une femme initiée qui accomplissait l'opération de découpage. A ce propos nous devons insister sur le rôle important que jouait la femme dans le groupe social Mbole.

Ce masque, de format plus réduit que la normale et le plus «abstrait» de notre série, est pourtant parfaitement fonctionnel. La vision est assurée par les multiples petits trous percés dans la face, alors que le visage reste complètement dissimulé. On pourrait dire que c'est le parfait exemple d'une sculpture «abstraite» en même temps que «fonctionnelle».

Reproduit dans:
Fr. Neyt, «Arts Traditionnels et Histoire au Zaïre», U.C.L., 1981, p. 28, fig. II. 3.

FORME ETIREE (LONGIFORME)

80. Cercueil
Ngata
Zaïre

Longiforme de par sa fonction, ce cercueil des «Gens de l'Eau» pourrait tout aussi bien avoir été inspiré du format de la pirogue. Contenant les ossements du défunt après les secondes funérailles, n'était-il pas confié aux eaux du fleuve?

Comme en Chine ou dans l'Egypte ancienne, les Ngata de haut rang commandaient de leur vivant leur cercueil ou encore leur sarcophage.

Reproduit dans:
M. Leiris & J. Delange, «Afrique Noire: La création plastique», Gallimard, 1967, p. 357, fig. 418.
Meubles et Décors, Ed. Benelux, Nov. 1970.
Actualité des Arts (en couverture), mensuel n° 3, novembre 1973.
K. F. Schadler, «Afrikanische Kunst», 1975, p. 246, fig. 361.
Fr. Neyt, «Arts Traditionnels et Histoire au Zaïre», 1981, U.C.L. p. 25, fig. l.5.

81. Statue
Lengola
Zaïre

Cet «Ubanga Nyama» représente «Suway», le fondateur mythique divinisé des Lengola. C'est l'un des rares exemples de personnification de la «Divinité» en Afrique.

«Ils sont des Christ d'une autre forme et d'une autre croyance. Ce sont les christ inférieurs des obscures espérances»
Apollinaire[46]

Reproduit dans:
Fr. Neyt, «Arts Traditionnels et Histoire au Zaïre», U.C.L., 1981, p. 42, fig. II. 12.
M. L. Bastin, «Introduction aux Arts d'Afrique Noire», A.A.N., 1984, p. 369, fig. 395.
Mazenod, Ed., «L'Art Africain», 1988, p. 440, fig. 660.

82. Canne
Nyamwezi
Tanzanie

Emblème de pouvoir matériel, comme celui du «Meneur de Troupeau» des civilisations à élevage, ou spirituel comme celui du «Guide pastoral» avec sa houlette devenue «Crosse», cette canne était l'attribut du Chef de la Communauté. La sculpture présente un étirement formel remarquable, soulignant cet «Axis Mundi» qui lie la Terre au Ciel (voir «La Silhouette anthropomorphe»). Tout aussi étirée qu'une création Etrusque ou qu'une oeuvre de Giacometti, c'est un parfait exemple de sculpture «hyperlongiforme».

Reproduit dans:
Connaissance des Arts n° 391, septembre 1984, p. 89.
New York, octobre 1, 1984.
«Primitivism», Museum of Modern Art, New York, 1984, tome 1, p. 65.
Monthly Detroit, March 1985, «Primitive urges» (J. Barron), p. 71.
Philip Morris Inc., «Which is «primitive»? Which is «modern»?».
Artforum, Nov. 1984, International 55, Doctor Lawyer Indian Chief, p. 54, Canne reproduite p. 57.
«L'Art Africain», Mazenod, 1988, p. 468, fig. 807 à 808.
«La Grande Scultura dell'Africa Nera», Exp.: Firenze, Forte di Belvedere, 1989, fig. 145.

83. Statue
Fang
Gabon

Statue de reliquaire Fang du style «Ntumu» hyperlongiforme. Le traitement anatomique particulier des membres est à comparer avec celui de la statue Mbole (n° 84).

Reproduit dans:
L. Perrois, «La Statuaire des Fang du Gabon», A.A.N. n° 7, Automne 1973, p. 39, fig. O.
L. Perrois, «Arts du Gabon», A.A.N., 1979, p. 71, fig. 49.

84. Statue
Mbole
Zaïre

Représentation d'un pendu de la Société secrète «Lilwa» (voir masque n° 79). Même remarque que pour la sculpture Fang (n° 83).

Reproduit dans:
Fr. Neyt, «Arts Traditionnels et Histoire au Zaïre», U.C.L., 1981, p. 34, fig. II. 6.

85. Masque
Ngeende
Zaïre

Masque «Nyibiti», l'un des neuf masques dansant à la Cour du Roi des Kuba qui empruntaient volontiers, notamment aux «Ngeende» intégrés, des sculpteurs issus d'autres écoles. Il pourrait s'agir ici de la représentation de «Nyibita», le «Ministre de la Guerre».

On peut découvrir dans ce visage, aussi allongé que celui d'un Christ roman dont il a le «Regard intérieur», l'ébauche de l'«anecdote» sculpturale propre à un «Art de Cour» comme celui des Kuba.

Reproduit dans:
Fr. Neyt, «Arts Traditionnels et Histoire au Zaïre», U.C.L., 1981, p. 183, fig. VIII.25.
«Primitivism», Museum of Modern Art, New York, 1984, tome 2, p. 451.
«Utotombo», Palais des Beaux-Arts, Bruxelles, 1988, p. 225, fig. 207.
«L'Art Africain», Mazenod, 1988, (dos couverture).
«La Grande Scultura dell'Africa Nera», Exp.: Firenze, Forte di Belvedere, 1989, fig. 110.

86. Masque
Fang
Gabon

Masque «Ngil» (le Gorille) de la société politico-judiciaire qui porte le même nom et dans laquelle le «Ngil» est l'emblème du «Maître-Juge».

Cette sculpture longiforme est très proche de celle d'un Modigliani qui partage avec elle l'étirement du visage et l'extrême dépouillement.

Reproduit dans:
R. Lehuard, «La Collection Mestach», A.A.N. n° 4, 1972, p. 4.
L. Perrois, «Arts du Gabon», A.A.N., 1979, p. 101, fig. 98.
L. Plisnier & Ch.Haubrechts, «Un cheval pour un Royaume», Hebdomadaire de la Femme «ELLE» n° 1456, 14 novembre 1973, p. 58.

87. Masque
Bamana
Mali

Masque porté en cimier et qui est un autre exemple d'une combinaison mythique entre l'Homme et l'Animal (voir n°s 15, 74, et 98), vraisemblablement ici une hyène.

Reproduit dans:
R. Lehuard, «La Collection Mestach», A.A.N. n° 4, 1972, p. 7.

FORME DE «COEUR» (CORDIFORME)

88. Masque
Luba Hemba
Zaïre

Masque de type «Niembo» qui présente une surface convexe, en forme de «coeur», mettant en relief la qualité expressive des deux yeux.

Reproduit dans:
Fr. Neyt, «Arts traditionnels et Histoire au Zaïre», U.C.L., 1981, p. 285, fig. XIV. 20.

89. Masque
Kwese
Zaïre

Autre masque cordiforme dont le modèle est caractérisé par l'opposition du concave et du convexe qui assure l'effet de relief (voir aussi n° 97). Le contraste clair-obscur de ces deux plans, vient encore accentuer l'effet de profondeur.

Reproduit dans:
«Le Masque», Ville d'Anvers, 1956, fig. 214.
R. Lehuard, «La Collection Mestach», A.A.N., n° 4, 1972, p. 8.
Fr. Neyt, «Arts traditionnels et Histoire au Zaïre», U.C.L., 1981, p. 144, fig. VII. 10.
«Utotombo», Palais des Beaux-Arts, Bruxelles, 1988, p. 216, fig. 186.
«La Grande Scultura dell'Africa Nera», Exp.: Firenze, Forte di Belvedere, 1989, fig. 102 et p. 259 avec mention.

FORME LOSANGE

90. Sifflet
Mossi
Burkina Faso

Suggérant un corps humain fortement stylisé, réduit au losange, cet objet «d'abstraction» relève plus du fonctionnel que du style, pouvait accompagner la sortie des masques.

91. Figure
Kota
Gabon

Figure de reliquaire à ossements des Kota du Sud.

Reproduit dans:
A. & Fr. Chaffin, «L'Art Kota», p. 106–107, fig. 28.

92. Masque
Lwalwa
Zaïre

Masque du type «Mvondo» caractérisé, comme le type «Nkaki» par un long nez fin se prolongeant jusqu'au milieu du front. L'effet de haut relief est encore accentué ici par la concavité du losange.

Reproduit dans:
R. Lehuard, «La Collection Mestach», A.A.N., n° 4, 1972, p. 6.
P. Timmermans, «Les Lwalwa», Africa-Tervuren, 1967, XIII 3/4, p. 87, fig. 17A.
«Chefs-d'Oeuvre inédits de l'Afrique Noire», Bordas, Paris, 1987, p. 178, fig. 146.

93. Masque
Pende oriental
Zaïre

Masque issu d'un losange horizontal. Du type «Phania-Ngombe» (le taureau ou le veau), il était l'emblème du Chef de la Communauté qui le faisait apposer en pisé parfois aux murs de sa case ou sur le linteau du seuil. Un même modèle, mais plus grand, intervenait dans certaines danses masquées.

Reproduit dans:
R. Lehuard, «La Collection Mestach», A.A.N. n° 4, 1972, p. 11.

FORME TRAPEZE

94. Masque
Luba
Zaïre

Masque Luba dont le modèle est inspiré par le «Kifwebe» de leurs voisins, les «Songye». Il représente vraisemblablement le singe.

FORME CIRCULAIRE

95. Masque
Yela
Zaïre

La forme parfaitement circulaire est plutôt rare parmi les masques africains. Comme le masque Luba (n° 29), ce masque Yela possède cette rondeur qui en fait un exemple.

Reproduit dans:
«Primitivism», Museum of Modern Art, New York, vol. 1, p. 270.
«Den Globale Dialog Primitiv og Moderne Kunst», Louisiana Revy 26, argeng nr. 3, Maj 1986, dos couverture, cat. n° 161.

GEOMETRISATION DE LA SURFACE PAR DIVISION EN ZONES COLOREES

96. Statue
Jonga
Zaïre

Figure d'ancêtre (et-ou) funéraire. Nous ne possédons que peu d'informations sur cette statuaire d'ailleurs fort limitée et sur l'ethnie qui l'a produit. Quelques renseignements de source Jonga sur la symbolique des couleurs, viennent confirmer la sémantique chromatique générale propre à l'Afrique où trois couleurs dominent: le rouge, le noir et le blanc.

Mais c'est le bichromatisme, exprimant le principe binaire qui unit les opposés, qui sévit le plus souvent dans le décor de la statuaire africaine, obéissant ainsi aux lois de la symbolique (voir aussi n° 63).

La statue Jonga obéit, elle aussi, à ces règles où le sens artistique n'est jamais absent. La répartition calculée des zones chromatiques assure la géométrisation de la surface et vient souligner le relief.

Nous ne sommes pas loin, avec cette oeuvre, ainsi qu'avec les suivantes d'ailleurs, des recherches cubistes, de celles d'un Picasso (voir n° 99) ou même encore d'un Klee (voir n° 98).

Reproduit dans:
Fr. Neyt, «Arts traditionnels et Histoire au Zaïre», U.C.L., 1981, p. 41, fig. II. 11.

97. Masque
Kwele
Gabon

Masque surmonté de ce qui semble être la stylisation de deux cornes et qui nous fait penser à ces bonnets du «Fou du Roi» de notre Moyen-Age occidental et de la Renaissance, d'après un modèle venu d'Orient.

Rapporté en Europe par un explorateur italien vers les années 30, cet objet faisait partie d'une paire avec un autre masque, de même modèle, mais plus grand, avec les mêmes couleurs, mais inversées. Cette inversion du rouge et du blanc implique nécessairement une symbolique complémentaire.

Si ce petit pseudo-masque était porté à la main, l'autre était fiché sur un pieu. Ces deux objets pourraient être liés aux rites funéraires.

98. Masque
Itsekiri
Nigéria

Comme souvent au Nigéria, ce masque, lui aussi, semble bien être la combinaison mythique de l'Homme et de l'Animal (voir aussi n°s 11, 15, 16 et 18). Peut-être la représentation d'un cynocéphale. Ici encore nous ne pouvons nous empêcher d'établir un parallèle avec l'oeuvre de Paul Klee.

99. Masque
Boa
Zaïre

Ici, il ne s'agit plus d'un masque peint, mais d'un masque pyrogravé dont les «contrastes de valeurs», clairs-sombres, viennent souligner la sculpture «par plans» de la surface. Cette sculpture, elle non plus, n'est pas éloignée des recherches d'un Picasso. Il suffit, pour s'en convaincre de la comparer au «Portrait de Kahnweiler».

Reproduit dans:
«Primitivism», Museum of Modern Art, New York, vol. 1, p. 297.
M. L. Bastin, «Introduction aux Arts d'Afrique Noire», A.A.N., 1984, p. 370, fig. 397.
«Den Globale Dialog Primitiv og Moderne Kunst», Louisiana Revy 26, areng nr. 3, Maj 1986, dos couverture, cat. n° 160.
«Utotombo», Palais des Beaux-Arts, 1988, p. 247, fig. 255.

LE «RELIEF PAR LE CREUX» ET LE «CONCAVE–CONVEXE»

L'effet de profondeur ou de relief peut être souligné soit par l'opposition des Creux et des Volumes, des «Vides et des Pleins» (voir aussi n°s 37 et 38), soit par l'opposition du Concave et du Convexe, l'un en dépression (en «réserve»), l'autre en surplomb entraînant forcément des contrastes d'Ombre et de Lumière.

Dans l'Art contemporain occidental, ce furent notamment les recherches de Zadkine, de Gonzales ou de Laurens entre-autres. C'est le rendu du «Relief

par le Creux» qui confirme l'universalité d'une formule appliquée depuis l'Aube des Temps et qu'on peut considérer comme un «archétype».

100. Masque
Kwele
Gabon

Masque Kwele qui représente «Gon», le gorille adulte mâle, symbole de la force alliée à l'intelligence.

Ici encore l'objet montre une réelle actualité de la forme avec un maximum d'effet pour un minimum de moyens techniques employés. L'aspect tridimensionnel est rendu de façon magistrale, la profondeur du masque étant même exceptionnelle dans la statuaire de cette ethnie. Avec un effet de surplomb, le relief est assuré par la concavité en dépression curviligne de la face.

Reproduit dans:
Arts d'Afrique Noire n° 52 (Hiver 1984), p. 53.
«Chefs-d'Oeuvre inédits de l'Afrique Noire», Bordas, Paris, 1987, p. 174, fig. 140.
«Utotombo», Palais des Beaux-Arts, 1988, p. 201, fig. 156.

101. Masque
Ngbaka
Zaïre

Parfait exemple d'un style que H. Lavachery classe parmi les styles concaves curvilignes orientaux, opposés aux styles convexes rectilignes occidentaux de «l'Ecole soudanaise».[47]

Ici aussi l'effet est rendu par l'opposition du convexe et du concave, formule-archétype encore soulignée par la dépression curviligne et cordiforme de la face «taillée en réserve».

Le traitement «en flèche» de l'oreille prolongée par une scarification temporale est similaire à celui de certains masques Fang du Gabon avec lesquels celui-ci présente une certaine parenté sculpturale.

Reproduit dans:
R. Lehuard, «La Collection Mestach», Arts d'Afrique Noire n° 4, Arnouville, 1977, p. 5.
Fr. Neyt, Arts traditionnels et Histoire au Zaïre, Université Catholique de Louvain, 1981, fig. 1, p. 20.

«ELOGE DE LA MAIN»

«L'homme pense parce qu'il a une main»
Aristote

102. Bas-relief
Egypte ancienne

Modèle de sculpteur, de la fin du Nouvel Empire, présentant une étude de mains groupées comme pour un «Alphabet de Formes». Ici, c'est le thème de la «Main Fermée», pareille à celle que l'on retrouve sculptée en Afrique Noire, qu'elle soit par exemple Kongo, Vili ou encore Akan et qui symbolise le pouvoir (voir aussi n° 106).

Thème universel depuis l'Aube des Temps, la Main est le premier outil de l'Homme[48] et sa première «Signature» avant de devenir celle de «l'Homo Faber».

103. «Fourchette»
Toradja
Iles des Célèbes

En forme de Main, cette «fourchette» était destinée à porter des aliments à la bouche du mort lors des cérémonies précédant les funérailles.

104. Velours Ngeende
Kasaï
Zaïre

Ici, c'est le thème plus universel de la «Main ouverte» qui est représenté sur ce «Velours du Kasaï», la même qui se trouve reproduite sur les parois des grottes de la préhistoire, en France, en Arizona ou même en Nouvelle-Guinée.

On connaît l'importance donnée à la «Main ouverte» dans la culture Kuba par le nombre de ses représentations sur les coupes, tambours, boîtes, etc.

Pourtant elle est beaucoup plus rare dans le décor des textiles, surtout à ce niveau de lisibilité.

Reproduit dans:
«L'Art Africain», Mazenod, 1988, p. 579, fig. 1027.

105. Petite main Kuba
Kasaï
Zaïre

Fait de perles et de cauris montés sur raphia, cet emblème de la «Main ouverte» était porté en collier ou encore cousu sur les vêtements des hauts dignitaires de la Cour du Roi Bushoong, sinon sur ceux du Roi lui-même. Il symbolise également le «Pouvoir», la «Main-mise».

106. Gong
Vili
Zaïre

Ici, c'est encore la «Main Fermée» qui constitue le principal décor de ce petit gong en forme de croissant lunaire (voir aussi n° 102).

Reproduit dans:
«Sounding Forms—African Musical Instruments», American Federation of Arts, 1989, p. 124, fig. 66.

107. Masque
Bali
Zaïre

Autre manifestation d'un art de la forêt profonde, associé au milieu géographique (voir n° 108), ce masque est né de la rencontre des «Grands Noirs» sculpteurs avec le graphisme pygmée[49] Le décor en effet doit avoir été inspiré de celui de certains «Tapas» constellés de «petites mains» comme autant «d'étoiles»: «l'Empreinte des Esprits». Mains d'Homme ou bien encore de singe qui apparaît symboliquement dans le rituel initiatique.

N'oublions pas, et le fait est assez rare pour être souligné, que le pygmée et le Bali vivent pratiquement en «symbiose». L'un peut venir partager l'initiation de l'autre, ce qui en font deux «Frères de sang» dans les rites de la circoncision de ces «Grands Noirs» où les pygmées sont admis.

Remarquons que curieusement, sur le même parallèle géographique, mais à près de 1000 km de là, à l'Ouest, les Mandjas pratiquent une peinture corporelle avec le même thème, les mêmes marques qui sont peintes sur le corps des nouveaux initiés.

Quant au masque reproduit ici, c'est celui de «l'Initiateur», le maître de cérémonie et, comme dans la sculpture de certains masques Lega, il a ce décalage voulu des yeux qui en souligne toute l'expressivité (voir n°s 42–44 et 65).

NAISSANCE D'UN STYLE

«Le style lui aussi survit à la faculté imaginative»
L. Frobenius

108. Masque
Komo-Lombi
Zaïre

L'ébauche d'un style naît à partir de formes premières forgées par l'inconscient. On le devine déjà dans le dessin d'un enfant ou dans le graphisme d'un schizophrène qui ont tous deux pour moteur des forces instinctuelles (voir «Le Tracé de la Folie» et «Le Tracé de l'Enfance»). Au delà de la faculté imaginative, ces formes premières libèrent les archétypes.

Un style progresse avec la compréhension et l'adaptation au milieu, établissant avec lui cet état d'osmose où l'intuition peut devenir connaissance et être alors perpétuée par la tradition.

Ce masque Komo-Lombi, parfait exemple «d'Art Brut»[50] est né en forêt dense, profonde. Il est donc encore marqué par «cette peur venue du fond des âges»,[51] émotion réactionnelle au milieu hostile d'un univers clos (voir «Les Tracés perdus de la Forêt»).

«La peur a donc été le premier ressort de la conscience magique».[52] Mais au delà de la charge émotionnelle et de la faculté imaginative, déjà, dans ce masque, un style s'affirme.

CREATEUR DE STYLE ET «MAITRE-OBJET»

109. Masque
Songye
Zaïre

Au faîte de son art, il arrive qu'un sculpteur, dans la plénitude de ses moyens, crée son «Maître-Objet» et rénovant une formule sculpturale traditionnelle avec cette audace dans la réinvention qui est le propre d'un «Créateur de Style».

Il s'agit ici d'un modèle de «Kifwebe»,[53] masque «en projection» dont on ne connaît qu'une dizaine d'exemplaires, tous de la même main et qui ont en commun cette force dans l'exécution, ce dynamisme de la forme et cette finition du détail.

Maître d'un «Atelier», ce vieux sculpteur, mort en 1970, eut plusieurs élèves qu'il a marqué de sa forte personnalité et dont on peut facilement reconnaître les redites ou pire les mauvaises copies qui ont envahi plus tard le marché. Elles ont perdu l'expression géniale, lyrique, «Wagnérienne» de l'oeuvre de ce «Créateur de Style».

110. Statue
Bwa
Burkina Faso

Il arrive aussi qu'un sculpteur, révélant une réelle personnalité, innove en outrepassant les canons imposés par la tradition. Il recrée ou invente alors une forme nouvelle, un nouveau modèle qui sera repris ou non par l'ensemble du groupe social.

Nous reproduisons ici l'interprétation libre, faite par l'artiste, d'un danseur masqué de feuilles et de plumes, le «Bieni», qui n'est pratiquement jamais représenté en sculpture. Consacré à la Nature, le «Bieni» danse pour célébrer son renouveau.[54]

Comme conclusion à cet ouvrage, je peux dire que je suis un peu comme ce «Cosmonaute Bieni» venu d'un Monde ancien qui n'est plus ce qu'il a été et qui n'est pas encore ce qu'il doit devenir. Voici, pour terminer, la carte d'un de ces derniers **«Trajets oubliés de la Mémoire collective»**, la carte du dernier voyageur «aux étoiles».

«Carte» de navigation
Iles Marshall
Polynésie

Ces sortes de «Cartes» marquaient les îles et les courants marins, le mouvement des houles ou la position des astres. Tout ce qui pouvait indiquer à ces «voyageurs aux étoiles» l'espace de jour comme l'espace de la nuit.

Il y en avait de trois sortes: les «meddos», les «rebbelibs» et les «mattangs».

Nous pouvons classer ce type d'objet dans les «Formes structurales».

NOTES

1. Cf. H. Van Lier: «L'Animal Signé».

2. E. Féau in «Aethiopia, vestiges de Gloire», Fondation Dapper, 1987.

3. Armes dites «blanches» par opposition aux armes «à feu».

4. Cf. Dictionnaire des Symboles, Laffont.

5. E. Féau in «Aethiopia, vestiges de gloire», Fondation Dapper, 1987. Précisons que cette «Lumière», dont parle E. Féau, doit être associée à l'Eclair, sinon à la Foudre chez les Bushong. Ne se qualifient-ils pas en premier lieu de «Peuple de l'Eclair».

6. Rappelons qu'à l'origine de la métallurgie il y eut le fer météorique «Issu du Ciel» et qu'il fut le premier à être travaillé dans certaines régions du Globe. Non seulement par facilité technique, mais aussi de par sa provenance céleste.

7. L'Europe Préhistorique, Collection l'Art du Monde, 1970.

8. Disons que la musique peut être considérée comme exerçant une fonction biologique à effets psychologiques.

9. Exploration de F. Mazières et rapport personnel du musicologue P. Collaer.

10. Communication personnelle de P. Collaer, musicologue.

11. R. F. Thompson in «Chefs-d'Oeuvre inédits de l'Afrique noire», Fondation Dapper, 1987.

12. Nietzsche, «Ainsi parlait Zarathoustra».

13. R. F. Thompson, in «Chefs-d'oeuvre inédits de l'Afrique noire».

14. Relevé par E. Laffont in «Le cordophone congolais», Arts d'Afrique Noire n° 6, 1973.

15. S. C. De Vale in «Sounding Forms», The American Federation of Arts.

16. H. Van Lier, «L'Animal signé», De Visscher, 1980.

17. Dictionnaire Larousse.

18. «In the beginning of all things, wisdom and knowledge were with the animals; for Tirawaa, the One Above, did not speak directly to man. He sent certain animals to tell men that he showed himself through the beasts, and that from them and from the stars and the sun and the moon, man should learn. Tirawa spoke to man through his works.» Chief Letakots-Lesa of the Pawnee tribe to Natalie Curtis, c. 1904, repris dans J. Campbell, «The Way of the Animal Powers», Times Books, London, 1984.

19. Proposition de formule associative dans l'esprit d'une «collection» organisée. Exemple de «rabattement visuel» par effet optique montrant les possibilités d'association de deux objets de même esprit, l'un horizontal, l'autre vertical présentant non seulement une parenté ethnique mais aussi formelle, confondus dans une seule et même vision.

20. Rappelons que, symboliquement l'Oiseau est à l'Air ce que l'Homme est à la Terre.

21. Aussi important dans la symbolique des «Peuples premiers» que les «Signes de Terre ou d'Eau» (voir Tracés).

22. Ces particularités symboliques n'enlèvent évidemment rien à l'universalité du langage symbolique, elles viennent s'y intégrer.

23. Consulter aussi: Frobenius, Livre VII (Taureau) in «Histoire des Civilisations Africaines», ed. L. de Heusch: «Rois nés d'un Coeur de Vache».

24. Voir «Le Tracé de l'Eau» et «Le Tracé Anthropologique».

25. Boisson faite de la racine mâchée d'un poivrier, le «piper methysticum» à effet légèrement narcotique.

26. E. Dodd, «Polynesian Art», Robert Hale & Cy, London, 1979.

27. Notons que chez les anciens égyptiens, l'ibis était «l'incarnation du dieu Thot, dieu de la parole créatrice».

28. Gen Paul, «Mythologie», 1974.

29. Voir Magnien «Les Mystères d'Eleusis», repris dans la «Dictionnaire des Symboles», Laffont, 1982.

30. Le hibou et la chouette sont tous deux de la famille des strigidae. Ce sont des strigiformes.

31. Voir le «Tracé de la Terre-Mère».

32. Consulter J. W. Mestach, «Etudes Songye», Formes et symbolique, Essai d'analyse, Galerie Jahn, München, 1985.

33. Cf. Physiognomonie, morphopsychologie et prosopologie.

34. Cf. F. Cheng, «Vide et plein», Seuil, 1979.

35. Voir J. W. Mestach: «Etudes Songye» Formes et symbolique, Essai d'analyse, Galerie Jahn, München, 1985.

36. P. Gossiaux: «Chez les Bembe», Trésors d'Afrique.

37. «J'entends le Cri de la Nature», titre complet écrit au dos de l'oeuvre par l'artiste. Munch, peintre expressioniste norvégien de naissance dont les thèmes préférentiels étaient la maladie et la mort.

38. H. Himmelheber.

39. S. Bramly, «Terre Wakan», R. Laffont, 1974.

40. Cf. C. G. Jung, «L'Homme et ses symboles», R. Laffont, 1964.

41. Cf. C. G. Jung, «L'Homme et ses symboles», R. Laffont, 1964.

42. P. E. Joset (Zaïre, 1948)—voir aussi «Les Tracés perdus de la Forêt».

43. Cf. M. Brennan, «The Stars and the Stones», Thames and Hudson, 1983.

44. Comme c'est le cas, par exemple pour le masque Luba rond (voir n° 29).

45. D. P. Biebuyck, «Statuary from the pre-Bembe hunters», The Royal Museum of Central Africa, Belgium, 1981.

46. G. Apollinaire, Alcools, 1913.

47. H. Lavachery, «Statuaire de l'Afrique Noire», 1954, Office de Publicité. Remarquons que si cette forme de classification est opérante dans l'ensemble, elle ne l'est pas dans le détail et peut être considérée comme dépassée.

48. Voir H. Focillon, «La Vie des Formes» suivi de «l'Eloge de la Main».

49. Rappelons que le pygmée, premier occupant du Territoire, n'est pas sculpteur et ne peut être considéré de race «Noire».

50. Cf. «L'Art Brut», Lausanne.

51. V. Ellenberger, «Afrique», Le Livre Contemporain, 1958.

52. André Breton, «L'Art Magique».

53. Voir J. W. Mestach, «Etudes Songye», Galerie Jahn, München, 1985.

54. C. Roy, «Art of the Upper Volta rivers», A. & F. Chaffin, éditeurs, 1987.

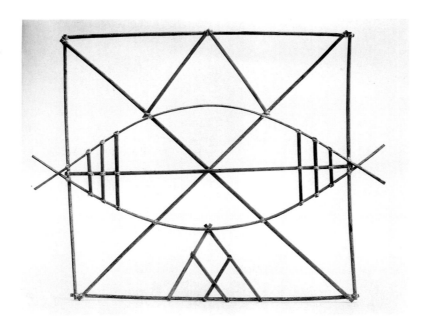

Bibliography

Actualité des Arts, no. 3 (November 1973), cover.

"Art d'Afrique," *Le Soir*, March 20, 1974.

Artforum (New York), November 1984, pp. 54–61.

Art Kuba. Crédit Communal de Belgique. Brussels, 1986.

Arts d'Afrique Noire, no. 52 (Winter 1984): 53.

Arts premiers d'Afrique noire. Crédit Communal de Belgique. Brussels, 1977.

Barron, J. "Primitive Urges." *Monthly Detroit*, March 1985.

Bassani, Ezio. *La grande scultura dell'Africa nera*. Forte di Belvedere. Florence, 1989.

Bassani, E., and M. D. McLeod. *Jacob Epstein, Collector*. Associazione Poro. Milan, 1989.

Bastin, Marie-Louise. *Introduction aux arts d'Afrique noire*. Arnouville, 1984.

Biebuyck, D. *The Arts of Zaire*. Vols. 1 and 2. Los Angeles, 1985, 1986.

Biebuyck, D. *Lega Culture: Art, Initiation, and Moral Philosophy among a Central African People*. Berkeley, 1973.

Biebuyck, D. "Sculpture from the Eastern Zaire Forest Regions: Lengola, Metoko, and Komo." *African Arts* 10, no. 2 (1977): 52–58.

Biebuyck, D. "Sculpture from the Eastern Zaire Forest Regions: Mbole, Yela, and Pere." *African Arts* 10, no. 1 (1976): 54–61.

Biebuyck, D. *Statuary from the Pre-Bembe Hunters*. Royal Museum of Central Africa. Tervuren, 1981.

Bosch, F. *Les Banyamwezi: Peuple de l'Afrique orientale*. Münster, 1930.

Bourgeois, Arthur P. *Art of the Yaka and Suku*. Meudon, 1984.

Burssens, H. "Yanda-beelden en Manisekte bij de Azande." *Annales du Musée Royal de l'Afrique Centrale* 4, no. 4 (1962).

Chaffin, A., and Fr. Chaffin. *L'art Kota: Les figures de reliquaire*. Meudon, 1979.

Chefs-d'oeuvre inédits de l'Afrique noire. Paris, 1987.

Connaissance des Arts, no. 391 (September 1984): 84–94.

Coquilhat, C. *Sur le haut Congo*. Brussels, 1888.

Cornet, J. *Art royal Kuba*. Milan, 1982.

de Heusch, L. *Vie quotidienne des Mongo du Kasai*. Brussels, 1956.

Delange, Jacqueline. *Arts et peuples de l'Afrique noire*. Paris, 1967.

"Den globale dialog primitiv og moderne kunst." *Louisiana Revy* 26, no. 3 (May 1986).

de Sousberghe, L. *L'art Pende*. Brussels, 1958.

Dias, A. J., and M. Dias. *Os Mocondes de Moçambique*. Vol. 3, *Vida social e ritual*. Lisbon, 1970.

Felix, M. L. *Mwana Hiti: Life and Art of the Matrilineal Bantu of Tanzania*. Munich, 1990.

Felix, M. L. *One Hundred Peoples of Zaire: The Handbook*. Brussels, 1987.

Fischer, E., and H. Himmelheber. *The Arts of the Dan in West Africa*. Zurich, 1984.

Gerard, J. "La grande initiation chez les Bakumu du nord-est et les populations avoisinantes." *Zaire* (Tervuren) 10 (January 1956).

Glaze, A. *Art and Death in a Senufo Village*. Bloomington, Ind., 1981.

Gossiaux, P. "Chez les Bembe." *Trésors d'Afrique*, no. 19 (1975).

Hersak, D. *Songye Masks and Figure Sculpture*. London, 1986.

Herskovits, M. J. *Dahomey, an Ancient West African Kingdom*. New York, 1938.

Kerchache, Jacques, Jean-Louis Paudrat, and Lucien Stéphan, *L'art africain*. Paris, 1988.

Koloss, H. J. *Die Kunst der Senufo*. Museum für Völkerkunde. Berlin, 1990.

Laude, J. *African Art of the Dogon*. New York, 1973.

Lehuard, R. "La collection Mestach." *Arts d'Afrique Noire*, no. 4 (1972): 4–11.

Leiris, Michel, and Jacqueline Delange. *Afrique noire—La création plastique*. Paris, 1967.

Lekack, B. C. "Les Bakouélé: Habitat, moeurs, et coutumes." *Liaison* (Brazzaville), 1953, no. 34:31–34.

"Le marche des arts et des antiquités—Les arts primitifs." *Plaisir de France*, February 1974.

Le masque. Antwerp, 1956.

Leurquin and Meurant. "Tanzanie Méconnue." *Arts d'Afrique Noire*, no. 75 (1990).

Masques du monde. Société Générale de Belgique. Brussels, 1974.

Mercier, P. "Images de l'art anomalies au Dahomey." *Etudes Dahoméennes*, 1951, no. 5:73–103.

Mestach, J. W. *Songye Studies: Form and Symbolism, an Analytical Essay*. Galerie Jahn. Munich, 1985.

Meubles et décors. Editions Benelux. November 1970.

Meurant, G. *Shoowa Design: African Textiles from the Kingdom of Kuba*. London, 1986.

Meyer, P. *Kunst und Religion der Lobi*. Zurich, 1981.

Neyt, François. *Arts traditionnels et histoire au Zaire*. Louvain, 1981.

Neyt, François. *La grande statuaire Hemba du Zaire*. Louvain-la-Neuve, 1977.

Olbrechts, F. M. *Les arts plastiques du Congo belge*. Brussels, 1959.

Perrois, L. *Arts du Gabon*. Arnouville, 1979.

Perrois, L. "La statuaire des Fang du Gabon." *Arts d'Afrique Noire*, no. 7 (Autumn 1973).

Plisnier, L., and Ch. Haubrechts. "Un cheval pour un royaume." *Elle*, November 14, 1973.

Roberts, Allen F. "Social and Historical Contexts of Tabwa Art." In Allen F. Roberts and Evan M. Maurer, eds., *The Rising of a New Moon: A Century of Tabwa Art*. University of Michigan Museum of Art. Ann Arbor, 1985.

Roy, C. *Art and Life in Africa: Selections from the Stanley Collection*. University of Iowa Museum of Art. Iowa City, 1985.

Roy, C. *Art of the Upper Volta Rivers*. Paris, 1987.

Rubin, William, ed. *"Primitivism" in 20th Century Art*. Vol. 1. Museum of Modern Art. New York, 1984.

Schadler, K. F. *Afrikanische Kunst*. Munich, 1975.

Schildkraut, E., and C. A. Keim. *African Reflections: Art from Northeastern Zaire*. New York, 1990.

Sounding Forms. American Federation of Arts. New York, 1989.

Timmermans, P. *Les Lwalwa*. Tervuren, 1967.

"Utotombo": L'art d'Afrique noire dans les collections privées belges. Palais des Beaux-Arts. Brussels, 1988.

Van Geluwe, H. *Les Bali et les peuplades apparentées*. Tervuren, 1960.

Vansina, J. *The Children of Woot: A History of the Kuba Peoples*. Madison, Wis., 1978.

Vansina, J. *The Tio Kingdom of the Middle Congo, 1880–1892*. London, 1973.

Wolfe, Ernie III, ed. *Vigango: Commemorative Sculpture of the Mijikenda of Kenya*. Williams College Museum of Art. Williamstown, Mass., 1986.

Zahan, D. *Sociétés d'initiation Bambara: Le N'Domo, le Koré*. Paris and The Hague, 1960.

Illustration and Photo Credits

Page 8: Gary Mortensen

Page 10: David Norden

Page 11: top, Alexis; bottom, Steven Gross

Page 18: Speldoorn

Page 19: top, Alexis

Pages 21–35: Fig. 1, Hans Silvester—Photo Researchers; Fig. 2, Hans Silvester—Photo Researchers; Fig. 3, Mestach collection (photo, Speldoorn); Fig. 4, Adam Woolfitt/Susan Griggs Agency; Fig. 5, Musée de l'Homme, Paris; Figs. 6, 8, 12, 14, 15, Mestach collection (photos, Gary Mortensen); Fig. 7, Comstock Incorporated/copyright Georg Gerster; Fig. 9, Bibliothèque Nationale, Paris, Ms. Fr. 12400, fol. 115v; Fig. 10, A and D, collection of Evan M. Maurer; B and C, The Minneapolis Institute of Arts; Fig. 11, A, redrawn from L. H. Samuelson, *Zululand: Its Traditions, Legends, Customs, and Folk-Lore* (1928); B, redrawn from Hermann Kern, *Labirinti* (Feltrinelli, 1981), fig. 501, p. 379; C, Heard Museum, Phoenix, Ariz.; D, The Trustees of the British Museum; Fig. 13, The Saint Louis Art Museum; Fig. 16, Hans Prinzhorn, *Artistry of the Mentally Ill* (Springer-Verlag, 1972), p. 45, illus. 4, collection of the Heidelberg Psychiatric Clinic; Fig. 17, Drzemala collection; Fig. 18, from Claude Savary, *Bulletin Annuel de Musée et Institut d'Ethnographie Genève*, no. 10 (1967): 87; Fig. 19, Dr. Noubar Boyadjian; Fig. 20, redrawn from D. Peyrony, *Eléments de Préhistoire* (1927), fig. 57 (after Piette)

Page 37: Borgia Rooms, Vatican Museums

Page 123: Courtesy, Field Museum of Natural History, neg. A92511, Chicago